Mein Ziegenbock hat mich geschickt
Hört die Botschaften der Tiere!

Tanja Formanek

Mein Ziegenbock hat mich geschickt

Hört die Botschaften der Tiere!

Tanja Formanek

WAGNER VERLAG®
www.wagner-verlag.de

Ein Buch aus dem WAGNER VERLAG

Korrektorat: Nicole Czerwinka
Umschlaggestaltung: Wagner Verlag GmbH

1. Auflage

ISBN: 978-3-86279-924-4

Bibliografische Information der Deutschen Nationalbibliothek:
Die Deutsche Nationalbibliothek verzeichnet diese Publikation in der Deutschen Nationalbibliografie; detaillierte bibliografische Daten sind im Internet über http://dnb.d-nb.de abrufbar.

Druck: dbusiness.de gmbh · 10409 Berlin

Inhalt

Dank

Ich möchte mich bedanken

- bei allen Tieren, die mich bei diesem Buch unterstützt haben.
- bei meinen Pflegepferden Boby, Freasy, Sonja und Sinfonie, die mein Leben über viele Jahre begleitet haben.
- bei all meinen Haustieren, die mich die Liebe zwischen Mensch und Tier gelehrt haben.
- bei meinen Eltern und meiner Schwester, die mir ein naturnahes Aufwachsen schenkten und mir dadurch unbewusst meinen Weg vorbereitet haben.
- bei meiner Freundin Moni, die mich auf diesen Weg geführt hat.
- bei Erich, für die Bild- und Textbearbeitung und für die Zeichnungen zu diesem Buch.
- bei meinen Freundinnen Uomi, Sharaty, Claudia und Daniela für ihr stets offenes Ohr.
- bei meiner Freundin Regina für ihre Unterstützung beim Niederschreiben meiner Aufzeichnungen.
- bei meinen Kindern Pauline, Veith und Emma, einfach nur, dass sie da sind.
- bei allen, deren Namen hier nicht aufgeführt sind, die aber immer an meine Arbeit geglaubt haben.

Mein Weg zur Tierkommunikation

Eine gute Freundin hatte gerade an einem Seminar über Tierkommunikation teilgenommen und berichtete am Telefon begeistert von ihren neu erworbenen Fähigkeiten, mit Tieren zu kommunizieren. Sie benötige dazu lediglich gute Fotos und könne damit den Kontakt herstellen. Das fand ich unglaublich. Also schickte ich ihr je ein Foto von allen meinen Haustieren mit entsprechenden Fragen meine Tierhaltung betreffend.

Für meine Freundin war es gewiss eine interessante Übung, aber meinem Leben sollten die Antworten meiner Haustiere eine neue Wendung geben.

Neugierig wollte ich einmal von einem meiner Hasen wissen, ob er denn auch verstünde, was ich am Stall erzähle oder frage. Seine Antwort zu meiner Freundin: „Ich weiß schon, bevor sie es ausspricht, was sie sagen will." Diese Aussage hat mich total verblüfft.

Inzwischen finde ich es faszinierend, dass es den Tieren möglich ist, die Gedanken der Menschen zu lesen. Aber in diesem Augenblick kam ich mir plötzlich wie ein offenes Buch für alle meine Tiere vor. Diese Erkenntnis sollte mich fortan Tag und Nacht beschäftigen.

Als meine Freundin dann eines Tages Kontakt zu unserem Ziegenbock aufnahm, ließ mir dieser mitteilen, ich solle aufhören, mir Gedanken und Sorgen zu machen und es endlich selber lernen.

Ich spürte, wie recht er hatte und meldete mich zu einem Seminar an. Beim ersten Treffen wurden alle nach dem Grund ihrer Anmeldung zum Tierkommunikationsseminar befragt. Meine Antwort war: „Mein Ziegenbock hat mich geschickt." Verblüffte Gesichter der anderen Teilnehmer, nur die Seminarleiterin nickte verstehend.

Böckchen

Also, das müssen Sie sich mal durch den Kopf gehen lassen: Mein Ziegenbock schickte mich auf ein Seminar über Tierkommunikation!

Vom ersten Seminartag an war ich fasziniert von der Chance, mich mit Tieren zu verständigen, denn bisher war meine Ausbildung allein auf die Energiebehandlung von Menschen ausgerichtet. Doch welche Ausmaße dieser neue Tätigkeitsbereich in meinem Leben einmal einnehmen würde, habe ich beim ersten Schritt in die Tierkommunikation nicht geahnt.

Heute gelingt es mir zudem wunderbar, die Tierkommunikation mit der Ausbildung in Reiki und meinen erworbenen Kenntnissen in medialen Heilweisen zu kombinieren. Ich empfinde es als ein unbeschreiblich großes Geschenk, dass die Tiere es mir erlauben, auf so tiefgründigen Ebenen mit ihnen Verbindung aufzunehmen.

Es überschritt mein damaliges Vorstellungsvermögen um ein Vielfaches, obwohl ich durch die medialen Heilweisen schon hinreichend übersinnliche Erlebnisse hatte.

Die Beschäftigung mit der Tierkommunikation half mir abermals, die Ketten meines eingeschränkten Bewusstseins zu sprengen.

Ungewisser Anfang

Mit einfachen Fragen, z. B. nach dem Lieblingsfressen oder nach dem Lieblingsspielzeug, tastete ich mich in der Tierkommunikation voran, nicht ohne vermeintliche Rückschläge. Im ersten Kurs hatte ich einer Katze die Frage nach ihrem Lieblingsspielzeug gestellt und erhielt als Antwort, dass es eine **weiße Maus mit einer Schnur** sei. Ich dachte an eine Spielzeugmaus aus Plastik mit Teddyfell und einer Schnur als Schwanz, so wie sie in den Tierhandlungen angeboten werden. Ich erzählte es der Besitzerin, der damaligen Kursleiterin, und sie sagte: „So etwas hatte sie nicht, sie war eine Bauernhofkatze."

Weil die Katze zu diesem Zeitpunkt die Erde bereits verlassen hatte, sprach sie in der Vergangenheitsform.

Na ja, dachte ich, dann war das eben nix, du kannst es wohl doch nicht. Aber nach kurzer Zeit hatte sich die Besitzerin inzwischen genauer an das Verhalten des Tieres erinnert und sprach mich an: „Nun weiß ich, was sie gemeint hat. Sie spielte immer mit einem Tampon mit Schnur!"

Jetzt war ich sprachlos. Dann funktioniert die Tierkommunikation bei mir doch und die Antwort der Katze ist nicht meiner Fantasie entsprungen. Auf diese Erklärung wäre ich nämlich garantiert nie gekommen.

Tja, das war der Anfang einer interessanten Erfahrungsreise, auf die ich mich fortan vertrauensvoll begeben habe.

Nach anfänglich ähnlich einfachen Fragen habe ich dann herausgefunden, dass das noch lange nicht alles ist, was Tiere uns mitteilen können und vor allem mitteilen wollen.

Ich stellte fest, dass es mir gegeben ist, den jeweiligen seelischen Zustand, z. B. Ängste oder sogar den Charakter, zu fühlen. Außerdem bekomme ich auch manchmal Therapievorschläge oder andere Tipps einfach durchgesagt.

Wie sich allerdings die telepathische Verbindung im Einzelnen aufbaut, kann ich gar nicht beschreiben.

Um mich herum brauche ich dazu absolute Ruhe. Ich konzentriere mich auf das Bild, vor allem auf die Augen, wenn sie zu sehen sind. Nach etwa zehn Minuten ist der Kontakt hergestellt, oft zu beiderseitiger Überraschung.

Zuerst stelle ich mich vor, nenne meinen Auftraggeber und frage jedes Mal an, ob seitens des Tieres auch Gesprächsbereitschaft besteht. Nach erfolgter Zustimmung erkläre ich noch den geplanten Ablauf des Gesprächs und weise auch auf die Unterbrechungen hin, die entstehen, weil zwischendurch Fragen und Antworten protokolliert werden müssen.

Evas Hundemeute

Eines Tages meldet sich eine Züchterin mit sechs Hunden bei mir, die meisten davon seien reinrassige Tiere.

Weil ihr empfohlen wurde, einige Hunde wegzugeben, will sie die Meinung der Tiere dazu hören.

Hunde und Züchterin begleite ich nun schon seit einiger Zeit, da ist es für mich spannend, die Entwicklung und Veränderung bei Mensch und Tier zu verfolgen. An einigen Gesprächen möchte ich Sie teilhaben lassen.

Silva möchte helfen

Als Erstes nehme ich Kontakt mit Silva auf, einer Havaneser Dame. Bei ihr fühle ich sogleich ganz viel Unruhe, Durcheinander, Chaos und Unsicherheit.

Ich spreche Silva an und erkläre, wer ich bin, was ich tue, wie so eine Unterhaltung mit mir abläuft und frage, ob sie mit mir reden möchte.

Sie antwortet mit Ja, ist gespannt darauf, was Neues kommt.

T: Silva, willst du bei Eva bleiben?

S: Schon ganz gerne.

T: Mit oder ohne deinem Baby?

S: Mit.

T: Wohin möchtest du?

S: Wenn ich bei Eva bleibe, muss ich doch nirgendwohin.

T: Wie kann Eva dir helfen, dich weiterzuentwickeln?

S: Ich helfe Eva, sich weiterzuentwickeln, andersherum ist es im Moment nicht möglich.

T: Warum streitest du so oft mit Eva?

S: Damit sie aufwacht und an ihrem Leben etwas ändert.

T: Warum akzeptierst du es nicht, dass Eva es nicht mag, wenn du sie so grell anbellst?

S: Aber das ist doch lustig, sie zu ärgern. Da beachtet sie mich besonders.

Das ist mein erstes Gespräch mit einem Hund aus dieser Meute. Ich ahne noch nicht, dass noch viele folgen werden und sich ein sehr vertrautes Gefühl mit all den Tieren einstellen wird.

Baliet möchte zu einer Familie

Baliet ist Silvas noch junge Tochter.

T: Hallo, Baliet. Eva hat ein paar Fragen an dich.

B: Habe schon auf dich gewartet, mit Mama hast du ja auch schon gesprochen. Schieß los!

T: Baliet, möchtest du weggehen?

B: Ich werde das tun, was man von mir verlangt. Notfalls auch ohne meine Mutter.

T: Oder willst du lieber bei deiner Mama bleiben?

B: Notfalls gehe ich auch ohne meine Mama. Aber weg wollen tu ich nicht. Welches Kind will nicht bei seiner Mama bleiben?
Im Moment ist es hier sehr anstrengend, viel Chaos und Unruhe.

T: Was möchtest du?

B: Wir wollen zur Ruhe finden, dann wird sich alles auflösen.

T: Möchtest du Kinder haben?

B: Irgendwann vielleicht, aber jetzt nicht. Ich will eine gute Mama sein.

T: Hast du eine Nachricht für Eva?

B: Eva soll ihr Leben regeln, dann geht es uns allen besser. Wir brauchen alle Star of Bethlehem und wenn wir umziehen oder einer von uns weggeht, noch Walnut.

T: Magst du Menschenkinder oder willst du lieber zu einer Züchterin?

B: Zu einer Züchterin? Nein! Lieber zu einer Familie.

T: Aber da kannst du eventuell keine Kinder bekommen.

B: Dann eben nicht. Hauptsache, ich werde geliebt.

Ich verabschiede mich und beende das Gespräch.

Später erfahre ich von der Besitzerin, dass ihr Leben sich damals wirklich im ziemlichen Chaos befand. Jetzt bin ich neugierig, was die anderen Hunde darauf zu sagen haben.

Kalyma sucht einfach nur Ruhe

Kalyma

Das nächste Gespräch findet mit Kalyma statt. Auch von ihr nehme ich wahr, alles sei so laut und es herrsche zu viel Unruhe.

T: Möchtest du gehen?

K: Ja, in eine Familie, wo ich die Einzige bin oder zu zweit.

Ich fühle, sie mag Kinder, hat aber auch etwas Angst.

T: Warum möchtest du weg?

K: Hier ist so viel Stress und Unruhe.

T: Was möchtest du?

K: Ruhe und geliebt sein.

T: Vermisst du dann deine Hundefreunde nicht?

K: Mit denen kann ich doch dann auch noch reden, auf einer anderen Ebene.

Hier kommt schon die große telepathische Fähigkeit der Tiere zum Vorschein.

K: Ich wünsche mir Ruhe und Zufriedenheit. Bitte sag, dass ich in eine Familie will und nicht zu einer Züchterin.

T: Wenn eine Familie kommt, zu der du möchtest, dann lauf zu ihr hin und zeige, dass sie die richtige ist.

K: Okay, ich versuche es.

T: Es war schön, mit dir zu sprechen, vielen Dank. Ich habe das Gefühl, es ändert sich bald etwas.

Einige Tage später erzählt mir die Besitzerin, dass Kalyma immer ängstlich ist, sich oftmals unters Bett zurückzieht und viel Ruhe braucht, was natürlich bei sechs Hunden nicht so einfach ist. Außerdem berichtet sie, dass sie Kalyma jetzt habe decken lassen, in der Hoffnung auf Veränderung.

Damit habe ich natürlich nicht gerechnet. Das hier ist die Veränderung, die ja nicht immer so erfolgt, wie wir sie erwarten. Es bleibt nur abzuwarten und zu beobachten.

Luna, ein weiser Hund

T: Luna?

L: Ich habe auf dich gewartet. Ich gehe dahin, wohin mich der Wind trägt. Wenn es für mich bestimmt ist, werde ich gehen.

T: Bist du gesund?

L: Ich fühle mich stark.

Fühlt sich innerlich sehr stark an, trägt viel Ruhe in sich.

T: Es ist beeindruckend, mit so einem starken Hund zu sprechen.

L: Einer hier muss doch die Ruhe bewahren.

T: Wie alt bist du? (Luna kommt aus einer Auffangstation.)

L: Bald 1 Jahr, ich habe bald Geburtstag.

Luna

T: Möchtest du Eva etwas mitteilen?

L: Sie bemüht sich sehr, aber in der Ruhe liegt die Kraft.
Ich kann zu keiner Züchterin, ich bin keine reine Rasse.

Dies teilt sie mir von selber, ungefragt mit. Ich fühle immer ihre Nieren.

T: Was kann Eva für dich tun?

L: Ihre innere Ruhe wiederfinden.

T: Hilfst du ihr dabei?

L: Das ist mein Auftrag.

T: Was kann Eva für dich tun, damit du glücklich wirst?

L: Ich bin glücklich.

T: Möchtest du gehen?

L: Es wird für Eva sehr schwer, wenn ich gehe.

Ich empfange einen Liedabschnitt: „Ach, die Zeit heilt alle Wunden."

T: Luna, möchtest du gehen?

L: Ich nehme jeden Auftrag an.

Während des ganzen Gespräches nehme ich sehr viel Weisheit der Hündin wahr. Wieder fühle ich ihre Nieren. Ich spüre, da stimmt etwas nicht und teile dies auch der Besitzerin mit.

Diese ist der Meinung, dass mit den Nieren alles in Ordnung sei, sonst hätte sie dies bestimmt auch schon bemerkt.

Na ja, ich bin kein Tierarzt und kann deshalb auch keine wirklich gesicherte Diagnose stellen. Ich empfehle den Haltern im Zweifelsfall immer einen Besuch beim Tierarzt, zur Sicherheit.

Nach einigen Wochen beschließt die Besitzerin dann doch, eine Urinprobe von Luna mit zum Tierarzt zu nehmen und untersuchen zu lassen. Hier stellt sich heraus, dass sie eine starke Nierenentzündung hat, die dringend behandelt werden muss. Die Erkrankung wird dann auch schnell und erfolgreich mit Antibiotika geheilt.

Tuna will bleiben

Nun folgt ein Gespräch mit Tuna, einer Yorki-Dame; es ist das älteste Tier der Meute.

T: Tuna, darf ich mit dir reden?

Tu: Natürlich, ich bleibe bei Eva bis zu meinem Ende. Ein bisschen mehr Ruhe würde uns allen gut tun. Ich mag sie und ich gehe hier nicht weg. Eva soll auf sich achten und ihr gesundheitliches Problem behandeln. Wir arbeiten energetisch alle an ihr; es geht am besten, wenn sie ruhig liegt, z. B. nachts.

Tuna

T: Was sagst du zu dem Hundebaby?

(Es wurde vor Kurzem ein Hundebaby in die Tierfamilie aufgenommen.)

Tu: Es ist schon ein süßes Ding, Luna kümmert sich nun um sie. Tanja, du bist uns eine große Hilfe, so kommt endlich Bewegung in das Ganze.

T: Tuna, du bist schon eine süße Maus.

Tu: So bin ich nun mal und so bleibe ich, so bin am ganzen Leibe ich.

Ich bedanke mich für dieses Gespräch und verabschiede mich.

Shaniel ist Lunas Schützling

Beim ersten Kontakt mit Shaniel spüre ich, dass es noch ein sehr junges Hundebaby sein muss. Es ist noch sehr unsicher und unbeholfen, ein kleines Kind eben von etwa sechs Wochen.

T: Shaniel!

S: Wer bist du denn, wer bist du denn?

T: Ich bin eine Freundin deiner Hundefamilie.

S: Eine Freundin, das ist schön. Ich sehe dich gar nicht.

Ich erkläre ihr kurz, auf welcher Ebene wir verbunden sind, und dass sie mich deshalb nicht körperlich sehen kann.

T: Wie geht es dir?

S: Luna passt auf mich auf und kümmert sich um mich.

T: Willst du weg?

S: Warum, ich geh doch jetzt nicht von Luna weg. Muss ich wohl weg?

T: Nein, im Moment denke ich nicht, aber irgendwann vielleicht.

S: Ich will mit Luna gehen.

T: Willst du mal Babys bekommen?

S: Jetzt noch nicht, ich bin doch selbst noch ein Baby. Man hat mich meiner echten Mama weggenommen. Aber jetzt bin ich bei Luna.

T: Passt sie gut auf dich auf?

S: Oh, von ihr kann ich viel lernen.

T: Warum bist du eigentlich immer so aggressiv?

S: Das muss man doch so machen, ich will ja mal ein großer Hund werden.

T: Eva mag das aber nicht.

S: Mit wem soll ich denn sonst üben?

Ich bedanke mich bei ihr, wünsche ihr viel Glück und löse die Verbindung auf.

Bei diesem Gespräch habe ich bemerkt, wie viel ich doch über das Gefühl wahrnehme. Hat doch dieses kleine, unschuldige Wesen bei mir sofort den Mutterinstinkt geweckt.

Anmerkung: Sie finden meine Fragestellung vielleicht etwas kurz und schroff. So verliefen die Gespräche sicher nicht, aber sie liegen ja allesamt schon etwas länger zurück und ich habe damals in meinen Unterlagen die Fragen in der Regel nur als Stichpunkte notiert. Ich lerne jeden Tag dazu und notiere Dialoge fortan ausführlicher.

Paddy hat Anschluss gefunden

Eines Tages kommt der Auftrag, mit dem Silberpudel Paddy zu reden, der eigentlich auch zu dieser Meute gehört, jetzt im Moment aber bei einer anderen Familie wohnt.
Ich nehme Kontakt auf und stelle mich vor.

P: Ist ja schön, dass ich nicht vergessen werde. Ja, ich möchte gerne bei meiner neuen Familie bleiben, ich wollte aber auch gefragt werden. Was ich nicht möchte, ist, ständig hin und her gezogen zu werden, ich möchte endlich ein festes Zuhause haben.

Paddy

Ich mag die Hündin hier, wir sind gute Freunde.

T: Was tust du, wenn die neue Familie dich nicht auf Dauer behalten will?

P: Sie werden mich nicht wegschicken, denn sie lieben mich. Es gibt keinen Plan B.

Auf dem Bild, das ich von ihr habe, wirkt sie sehr kraftvoll und beeindruckend. Ein schöner Hund, der dies auch von sich weiß. Oftmals frage ich die Tiere, ob sie eine Nachricht für mich haben, so auch hier.

T: Hast du etwas für mich?

P: Ich finde es schön, wie du für uns alle sorgst und uns hilfst, das Leben zu meistern. Ich mag Eva, aber dort gibt es zu wenig Ruhe. Sie kann mich doch immer besuchen. Sie soll ihr Leben meistern und Ruhe und Ordnung reinbringen.

Mein Gefühl: Sie weiß sich bei ihrer jetzigen Familie also sehr getragen.

P: Ich bin ein großer, starker Hund und ich werde das Leben meistern.
Gib alles weiter und es wird seinen Gang gehen, ich wollte nur auch gehört werden.

Jetzt war der Zeitpunkt der Verabschiedung und des Dankes für dieses Gespräch gekommen.

Kurz darauf habe ich alle Informationen an die Besitzerin weitergegeben. Auch die haben dazu beigetragen, dass die Silberpudelhündin inzwischen fest bei ihrer neuen Familie und sehr glücklich wohnt.

Kater Amigo ist gewiss kein Huhn

Manchmal verwirren mich die Antworten auf meine gestellten Fragen. Ich verstehe ihren Sinn nicht sofort. Das ist jedes Mal eine neue Herausforderung, mich über den Alltag eines Tieres zu informieren, ihn aus der Sicht des jeweiligen Tieres nachzuerleben, um endlich den Sinn einer Antwort voll und ganz zu verstehen.

Diese Lehre ziehe ich aus einem Gespräch mit dem Kater Amigo.

Hier werde ich wieder beauftragt zu fragen, welche Nahrung er bevorzugt und welche er überhaupt nicht gerne zu sich nimmt.

Bei der Frage, was er nicht mag, kam die Antwort: „Bananen! Ich bin doch kein Huhn!"

Das war alles, mehr sagt er nicht dazu. Eine klare, unmissverständliche Antwort.

Ich frage die Besitzerin ganz vorsichtig, ob sie ihrer Katze wohl Bananen füttere. Sie verneint meine Frage erwartungsgemäß.

Da sind sie wieder, die Zweifel an mir selbst, ob meiner Kommunikationsfähigkeit mit Tieren.

Wieso sagt er, er sei kein Huhn? Vielleicht fantasiere ich ja doch? Aber die Antwort des Katers war doch klar und deutlich. Na ja, denke ich mir, einfach loslassen und abhaken. Ich tröste mich mit dem Satz: Tanja, das sind alles Erfahrungen, die du auf deinem Weg als Tierkommunikatorin eben machen musst. Es kann ja nicht immer funktionieren.

Nach einer Woche ruft mich die Besitzerin an und berichtet Folgendes:

„Ich weiß jetzt, was er gemeint hat. Meine Kinder essen zum Frühstück immer Müsli mit Bananen und Milch. Was sie nicht aufessen, stellen sie den Katzen hinunter. Und was die Katzen nicht fressen, bringe ich dann den Hühnern."

Jetzt macht des Katers Aussage Sinn, er sei doch kein Huhn. Dass vor mir auf dem Bild kein Huhn, sondern eine Katze saß, war unübersehbare Realität. Nun endlich kann ich seine Antwort aus Sicht seiner Alltagssituation auch verstehen.

Mit viel Erleichterung, dass ich doch nicht fantasiere, kann ich jetzt über den Kater Amigo, der nicht wie ein Huhn gefüttert werden wollte, herzlich lachen.

Daraus habe ich gelernt, dass die Antworten der Tiere nicht immer meinen Vorstellungen entsprechen müssen. Ich muss sie unverändert aufnehmen und weiterleiten, so unverständlich sie mir im Moment auch vorkommen mögen. Darin sehe ich jetzt meine Aufgabe.

Wespen-Alarm

Geht das, mit einer Wespe reden? Voller Verzweiflung ruft mich eine Bekannte an und teilt mir mit, dass eine Wespe unten an ihrer Bettmatratze, direkt in Höhe ihres Herzchakras, ein Nest gebaut habe. Ich solle doch bitte mal mit der Wespe reden.

Puh, das ist eine Aufgabe! Ich sage ihr gleich, dass ich es natürlich versuchen werde, aber mir nicht sicher bin, ob es klappt.

Ob ich auch wirklich die richtige Wespe erwische? Ich habe meine Bedenken, schließlich gibt es doch relativ viele davon. Diese Wespe ist 200 km entfernt von mir und ich habe kein Bild von ihr. Wie auch?

Wespen sind nicht unbedingt lange an einem Platz. Außerdem soll es schnell gehen. Einen Versuch ist es wert.

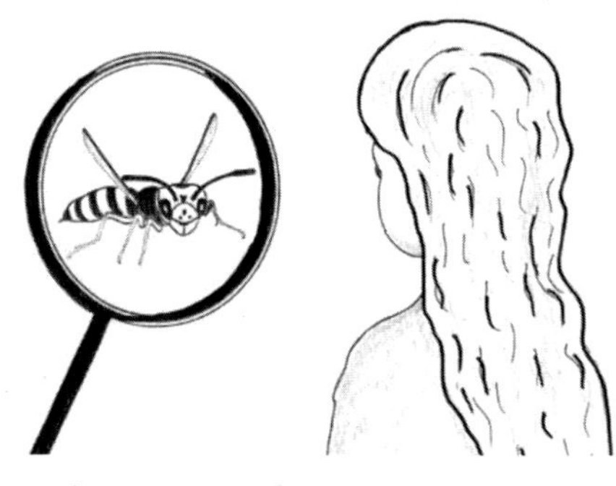

Ich stelle den Kontakt zu der Wespe her und habe auch gleich die richtige am anderen Ende „an der Strippe“. Sie teilt mir mit, dass meine Bekannte ein Loch in der Aura ihres Herzchakras habe und dass sie versuche, es zu kitten.

Ich teile dies ganz behutsam meiner Bekannten mit, welche zum Glück auch spirituell erfahren ist. Natürlich habe ich viele Vorbehalte und bin mir auch überhaupt nicht sicher, ob das alles so stimmt. Vielleicht hat ja auch der Kontakt gar nicht richtig geklappt!

„Auf uns Wespen ist Verlass und wir kommen immer wieder!“

Selbst diese Aussage kann meine Zweifel nicht zerstreuen.

Nach etwa einem viertel Jahr konsultiert meine Bekannte einen Heiler. Dieser stellt prompt in der Höhe ihres Herzchakras ein Loch in ihrer Aura fest. Worauf ihr erstaunt einfällt: „Das hat mir eine Wespe auch schon mal gesagt.“

Ihr Gesicht hätte ich ja schon ganz gerne in diesem Augenblick sehen wollen.

Hierzu muss ich anmerken, dass meine Bekannte damals Eheprobleme hatte. Also war die Aussage des Insekts zutreffend. Jetzt hatte ich durch die Diagnose des Heilers die Bestätigung.

Aber wie passt dieses Erlebnis in mein tierkommunikatives Weltbild? Ist es wirklich so, dass sogar eine kleine Wespe den Auftrag und den Willen hat, uns Menschen zu helfen und zu heilen? Und dabei sind wir ja nicht immer freundlich zu ihnen.

Ein Hund, eine Katze, ja, aber eine Wespe? Ist auch dieses Tierchen so weise, so nah an der All-Einheit, wo wir Menschen doch alle hin möchten?

Ein Grund, innezuhalten und darüber nachzudenken.

Hier kommt mir ein Lied aus meinem Religionsunterricht in den Sinn, das mich stets sehr bewegt hat.

„Ins Wasser fällt ein Stein,
ganz heimlich, still und leise
und ist er noch so klein,
er zieht doch weite Kreise.
Wo Gottes große Liebe
auf einen Menschen fällt,
dort wird die Welt
vom Licht erhellt,
dort bleibt nichts,
was uns trennt.

Meine Hasenfamilie

Eine interessante und tief beeindruckende Erfahrung habe ich mit meiner Hasenfamilie gemacht.

Ich habe das Glück, dass eine gute Freundin ebenfalls mit Tieren reden kann. Aber bei den eigenen Tieren ist es wie bei der homöopathischen Mittelauswahl für die eigenen Kinder oder für Familienmitglieder, da fällt die Auswahl oft am schwersten. Deshalb halten wir es so: Haben ihre Tiere ein Problem und sie kommt nicht weiter, ruft sie mich an und genauso andersherum.

Ina

Zu meiner Hasenfamilie gehören folgende Tiere, die sich inzwischen aber allesamt auf einer anderen Ebene befinden:

Hoppel – unser kastriertes, altes Männchen, total liebevoll und sanft, weißes Fell, ein so genannter Russe.

Lisa und Hoppel

Ina – unsere zarte, sehr weise Häsin, ein Zwergkaninchen.

Lisa – Chefin, zu dem Zeitpunkt und ein bisschen zickig, ganz in Weiß.

Lena – unser Löwenkopfmädchen, Schwarz mit etwas Weiß, die Konkurrenz zu Lisa.

Alex – Hoppels Nachfolger.

Eines Tages lässt mir Hoppel mitteilen, dass er die Erde bald verlassen werde. Ich solle einen Nachfolger suchen, der dann auf seine Frauen aufpasst. Außerdem wünschen diese sich Nachwuchs.

Also mache ich mich auf die Suche nach einem mindestens zweijährigen, unkastrierten Hasen, der natürlich auch zu meiner Hasenfamilie passen muss.

Zum Glück kenne ich ja einige Tierbesitzer und so wende ich mich an eine Bekannte, von der ich weiß, dass sie ziemlich viele Hasen besitzt. Sie bietet mir spontan an, auch während ihrer momentanen Abwesenheit in ihren Garten zu gehen und mir selbst einen zu fangen. Bei ihr hoppeln einige frei im Garten umher, sind flink und dadurch sehr schwer zu fangen. „Das kann ja was werden“, befürchte ich und gehe mit einem Karton in ihren Garten auf Hasenfang.

Zu meiner Überraschung lässt sich einer der Hasen relativ schnell fangen. Es ist ein stattliches, schönes Tier in Feldhasenfärbung.

Ich schaue ihn mir genauer an und sage mir: „Der ist leider zu groß für meine zierlichen Mädels.“ Ich lasse ihn wieder hoppeln und schaue mich noch weiter unter den Hasen um. Im Vergleich mit den anderen sage ich mir: „Du hättest doch den Bräunlichen nehmen sollen, aber den erwischst du jetzt nie mehr.“

Wider Erwarten sitzt dieser Hase noch ganz in meiner Nähe, offensichtlich will er zu mir. Ich gehe auf ihn zu, er rennt nicht weg und lässt sich ganz einfach nehmen. Fügung, denke ich mir, dann soll es so sein. Wir nennen ihn Alexander.

Zu Hause angekommen, stellen wir ihn den anderen vor. Natürlich erst einmal in getrennten Gehegen. Wir wollen ja nicht gleich Junge und sie sollen sich erst einmal kennenlernen. Außerdem soll unser Hoppel genügend Zeit haben, seinen Nachfolger zu begutachten und ihm seine künftigen Aufgaben mitzuteilen. Und so leben sie erstmals Gehege an Gehege.

Unsere kleine Chefin Lisa ist überhaupt nicht nett zu Alex und beißt heftig durchs Gitter nach ihm. Mir tut er sehr leid. Hoppel lässt mir dann ausrichten, der neue Hase passe und Lisa würde ihn schon noch akzeptieren. Ina und Lena haben ihn bereits akzeptiert. So gewöhnen sie sich alle in ein paar Wochen aneinander.

Die Hasendamen meiner Nachbarin haben wohl auch davon Wind bekommen, dass es einen neuen starken Mann bei uns gibt. Denn sie buddeln sich unter ihrem Gehege durch, ebenso unter dem Gartenzaun, und betrachten den Neuankömmling. So kommt es immer wieder vor, dass ich beim Betreten unseres Gartens eine Häsin meiner Nachbarin ganz eng an das Gehege von unserem Alexander gedrückt vorfinde. Schwer verliebt.

Eines Tages geht unser Hoppel ins Licht und liegt in der Mitte von beiden Gehegen, deren Verbindungstür inzwischen geöffnet ist.

Dies ist eine schwere Zeit für alle. Schon wenn man den Garten betritt, fühlt man die Trauer. So kommt es, dass Alexander eines Tages nicht mehr im Gehege ist.

Ich informiere meine Freundin und sie nimmt Kontakt zu Alexander auf. Der lässt uns mitteilen, dass er die Trauer der Damen um Hoppel nicht mehr aushält. Er komme wieder, wenn diese nachließe. So, was jetzt?

Ich beschließe, mit meinen Hasen ein Ritual zu machen. So setze ich mich mit einer Kerze und einem frisch gepflückten Blumenstrauß (Ringelblumen aus dem Garten) ins Gehege. Die angezündete Kerze stelle ich an die Stelle, wo Hoppels Seele seinen Körper verlassen hat, und die Vase mit den Blumen daneben. Nun spreche ich laut das „Vater unser". Ich danke Hoppel und wünsche ihm alles Gute. Dann teile ich meinen Hasen mental mit, dass sie sich von Hoppel verabschieden und ihn loslassen sollen. Wenn sie damit fertig seien und für sie alles gesagt und in Ordnung sei, mögen sie bitte an den Ringelblumen fressen, damit auch ich dies erkenne. Und dann kommt ein Hase nach dem anderen und knabbert an den Ringelblumen.

Nach Beendigung dieses Rituals fordere ich Ina auf, nach Alex zu rufen. Sie hoppelt zum Gehege, setzt sich auf die Hinterbeine, die Vorderpfoten an den Zaun gelehnt, und scheint nach dem verschwundenen Alex zu rufen.

Nach ca. einer Stunde, ich selber kann es kaum glauben, ist Alexander wieder da und sitzt neben dem Gehege. Ich lasse ihn natürlich schnell zu seinen Frauen.

Ich bin mir völlig bewusst, dass einem das Ganze ziemlich unglaublich vorkommt, aber es ist nun mal so abgelaufen.

Die Geschichte ist hier auch noch nicht zu Ende. Da wir wissen, dass unsere Hasenfrauen sich Kinder wünschen, wir aber nur zwei getrennte Ställe haben, zaubert mein Partner und baut noch schnell extra einen wunderschönen neuen Hasenstall, den Geburtsstall, wie wir ihn nennen.

Auch die Nachbarhasen sitzen noch regelmäßig am Gehege. Alexander findet Wege, nachts das eigene Gehege zu verlassen und sitzt dann morgens daneben. Rein kommt er offensichtlich nicht mehr.

Zur Geburt und zum Nestbau zieht Lisa in den neuen Stall ein. Nach einiger Zeit bringt sie ein schönes kleines Häschen zur Welt, ganz weiß, das wir Luna nennen.

Die beiden anderen bekommen keinen Nachwuchs. Aber die schwer verliebte Nachbarhäsin, eine Kaninchendame, gebiert Junge. Da diese sehr natürlich in Erdhöhlen leben, dauert es einige Zeit, bis wir alle Hasenkinder einmal zu Gesicht bekommen und zählen können.

Sie sehen alle ziemlich gleich aus, ganz wie der Vater. Die Abstammung ist nicht zu leugnen.

Da sie kaum zu unterscheiden sind, nennt meine Nachbarin sie alle Foxi: Foxi 1, Foxi 2, Foxi 3, Foxi 4, Foxi 5, Foxi 6 und Foxi 7. Da hat man automatisch den richtigen Namen.

Liebe Leser, die Weisheit und das Wissen der Tiere sind für uns unvorstellbar.

Ich empfinde tiefe Liebe, großen Respekt und Hochachtung seither für Hasen. Sie besitzen Stille, tiefe Weisheit und bedingungslose Liebe. Mehr als so mancher Mensch.

Es ist ein großes Geschenk, Hasen bei seiner Familie zu haben. Im Moment habe ich leider keinen in meiner Tierfamilie, aber irgendwann kommt bestimmt wieder einer zu uns. Und ich sage Ihnen noch etwas: Diese Tiere gehören nicht auf den Teller, wie eigentlich überhaupt kein Tier!

Ein Hund, der die Erde bald verlässt

Die Gespräche mit Tieren verlaufen heiter oder traurig, und ganz Außergewöhnliches erfahre ich hier zum Thema Tod durch Menschenhand. Anlass ist der Auftrag an mich, mit einem Hund Kontakt aufzunehmen, der bald eingeschläfert werden soll.

Dieser Hund zeigt mir sogleich in mentalen Bildern ganz deutlich, wie er sich seine Beerdigung vorstellt. Ich sehe ein Hügelgrab mit sehr vielen Blumen, ein Bild von ihm darauf und die Menschen, weiß gekleidet, zu seiner Beerdigung gehen, um sich von ihm zu verabschieden.

Dazu höre ich immerzu das Lied: „Ganz in Weiß mit einem Blumenstrauß."

Die Tiere gehen diesen Schritt in die andere Ebene ganz bewusst, indem sie sich auf den Weg vorbereiten, und haben normalerweise keine Angst.

Aber weil manche Tiere schon so vermenschlicht sind oder sich nicht leicht von ihrer Menschenfamilie trennen können, weil sie sie lieben und nicht wollen, dass ihre Menschenfamilie traurig zurückbleibt, ist ihr Übergang in die andere Ebene für sie schmerzlich. Oder sie sind mit ihrer Aufgabenerledigung noch nicht ganz zufrieden. Dann fällt ihnen der Abschied schwer.

Es erhöht abermals den Abschiedsschmerz, wenn wir Menschen in diesen Prozess eingreifen, was aus unterschiedlichen Gründen häufiger vorkommt.

Wie das nachfolgende Gespräch zeigt, sind nicht alle Tiere damit einverstanden, eingeschläfert zu werden.

Hündin Lady soll eingeschläfert werden

Ich werde darüber informiert, dass die Hündin Lady an einem schon ausgemachten Termin eingeschläfert werden soll. Mein Auftrag lautet, Lady doch bitte über den Plan ihrer Besitzer in Kenntnis setzen und sie auf den Weg ins Licht vorzubereiten. Auch dies fällt ja in meinen Aufgabenbereich. Lady hat Krebs und ihre Herrchen wollen ihr weiteres Leid ersparen.

Kaum angekommen, spüre ich Ladys Verlangen, mit mir zu sprechen. Sie ist sehr „sauer". Ich bin gespannt, was bei der Unterhaltung herauskommt und ob ich sie beruhigen kann.

Vorwurfsvoll sagt sie:

> „Ihr Menschen seid unmöglich. Erst nehmen wir euch eine Krankheit ab und dann lasst ihr uns einfach einschläfern!"

Nun zum Gespräch:

T: Lady, wie geht es dir?

L: Wie soll es mir schon gehen, so kurz vor dem Tod?

T: Hast du Schmerzen?

L: Schmerzen, Schmerzen. Schmerz ist das, wie man damit umgeht.

T: Möchtest du mir etwas erzählen?

L: Was soll ich schon sagen, ich habe für sie getragen, ich habe sie geliebt, aber sie sind nicht bereit, mit mir den Weg des Leidens zu gehen, mich zu begleiten.

T: Lady, du hast recht. Sie wollen dich einschläfern lassen, aber nicht, weil sie dich nicht lieb haben, sondern eben weil sie dich lieben. Sie wollen nicht, dass dich so starke Schmerzen quälen. Sie möchten nicht, dass du noch länger leidest.

L: Das können die doch gar nicht beurteilen, wie stark meine Schmerzen sind oder ob sie einfach zu meinem Weg dazu gehören.

T: Willst du mir noch etwas sagen?

L: Ich möchte liebend gerne alleine aus meinem Körper gehen.

T: Lady, aber dazu hast du doch noch etwas Zeit, konzentriere dich darauf und versuche alleine deinen Körper zu verlassen. Denke an das Schöne, das dann kommt, und sehne dich dorthin, vielleicht funktioniert es.
Lady, möchtest du deinen Leuten noch etwas sagen?

L: Ich danke ihnen schon für die Zeit vorher, aber jetzt bin ich enttäuscht.

T: Ich glaube, sie können es nicht verstehen.

L: Natürlich nicht, aber Geld ist nicht alles, was zählt auf der Welt. Die Liebe ist das, was wichtig ist und was die positive Veränderung bringt.

Mir kommt der Spruch des alten Indianers in den Sinn.

Weisheit der Cree-Indianer:

Erst, wenn der letzte Baum gerodet,
der letzte Fluss vergiftet,
der letzte Fisch gefangen ist,
werdet ihr feststellen,
dass man Geld nicht essen kann.

T: Lady, gibt es etwas, was ich für dich tun kann?

L: Ach, ich weiß nicht. Im Moment bin ich einfach nur enttäuscht und wütend.

T: Meinst du nicht, dass es so vielleicht auch in Ordnung für dich sein kann? Denke mal darüber nach! Eva wird dich in der Zeit begleiten, vielleicht kannst du in einem Arm einschlafen, ohne viel Schmerzen.

L: Das heißt, ich werde in einem Dämmerzustand in die andere Ebene gehen und das Licht gar nicht richtig erkennen und die göttliche Liebe nicht richtig fühlen.

T: Heißt das, dass Tiere, die eingeschläfert werden, Probleme haben, ins Licht zu kommen?

L: Die Tiere haben es schwerer und sie können den Weg nicht bewusst gehen, die Schwelle nicht bewusst überschreiten.

T: Das heißt, dir fehlt dann die Klarheit in deinem Bewusstsein für diesen Weg.

L: Richtig, ich weiß praktisch nicht genau, was kommt und kann nichts steuern.

T: Aber Eva kann dir doch den Lichtkanal vielleicht schon öffnen und darum bitten, dass du auch sicher abgeholt wirst.

L: Wenn's funktioniert, ist es gut, aber kannst du vielleicht auch mithelfen?

T: Ich werde die Uhrzeit halt nicht so genau mitbekommen. Aber ich werde nachschauen, ob du auch sicher angekommen bist und dir gegebenenfalls helfen. Versprochen!

L: Okay, danke. Das beruhigt mich sehr. Nun kann ich doch meine letzten Tage vielleicht noch etwas genießen.

T: Gute Idee, atme noch viel frische Luft und den Duft einer Blumenwiese ein und denke an ein liebes Familienmitglied, das vielleicht schon auf dich wartet. Diese Gedanken, Gerüche und Gefühle werden dich auf deinem Weg begleiten.

L: Tanja, du bist wunderbar, so hat noch keiner mit mir gesprochen. Deine Worte helfen mir sehr. Ich werde mich jetzt auf meinen bevorstehenden Weg konzentrieren. Die Wut bringt mich nicht ins Licht.

T: Lady, das ist wunderbar, dass du dies erkannt hast. Gehe in dich, meditiere, wie wir Menschen es nennen, und verbinde dich mit deinen Ahnen und alles wird gut. Sie werden dich führen und abholen. Wenn du in der Liebe bleibst, kommst du sicher ins Licht. Ich werde es kontrollieren. Möchtest du sonst noch etwas sagen?

L: Schade, dass nicht alle Menschen dein Bewusstsein haben.

T: Ach, Lady, auch ich bin nicht unfehlbar und manchmal launisch. Ich habe auch öfter das Gefühl, eine schlechte Mutter zu sein oder nicht immer gut genug zu meinen Tieren.

L: Jeder bei dir weiß genau, was du tust und die Seelen wollen zu dir, du bereitest alle auf eine neue Zeit vor. Das ist wunderbar, wenn auch nicht immer einfach.

T: Gibt es noch etwas, was du mir mitteilen willst, vielleicht über die Tiere allgemein?

L: Ich war so verbittert, dass ich das Kollektiv völlig vergessen habe. Aber ich werde daran arbeiten. Du hast mich wieder auf den richtigen Weg geführt. Tausend Dank. Verliere deinen Weg nicht, denn du gehst den richtigen! So, und nun fange ich an zu arbeiten. Lebe wohl, du tolle Menschenseele.

T: Tschüs, Lady, guten Heimweg.

Lady ist eingeschläfert worden und war nach vier Tagen wieder erreichbar. Es geht ihr jetzt gut. Sie hat es geschafft.

Liebe Leser, in diesem Gespräch ist auch für mich viel Neues enthalten. Ich werde ja oft kontaktiert, um alte oder kranke Tiere zu befragen oder zu begleiten. Jetzt weiß ich auch, warum nie eines eingeschläfert werden wollte. Es gab nur eines, das sagte, ihm sei es egal. Wenn sich Menschen für den Weg der Einschläferung entscheiden, sollte das Für und Wider gut abgewogen, vorbereitet und begleitet werden.

Minnis Schwester ist überfahren worden

Ein anderes, sehr interessantes und lehrreiches Gespräch führe ich mit der Katze Minni.

Auch hier geht es um das Thema Tod, um Zuhören, Gefühle wahrnehmen und um Beratung. Wieder kommen hier meine Fähigkeiten zum Einsatz, die ich durch meine Ausbildung in medialen Heilweisen erworben habe und die eigentlich bei Menschen zur Anwendung kommen sollten. Aber lesen Sie selbst und halten Sie den Satz „Nichts ist unmöglich“ stets präsent.

Ich werde beauftragt, Minni zu fragen, warum sie nicht mehr aus dem Haus wolle und ob sie Sonjas Tod überwunden habe.

Anmerkung: Ihre Schwester Sonja wurde von einem Auto überfahren.

Ich stelle den Kontakt her und bitte um ein Gespräch.

T: Minni!

M: Ja, ja, wer ist da?

Sie wirkt sehr nervös. Ich stelle mich, wie üblich, vor, erkläre meinen Auftrag und den geplanten Ablauf und frage, ob sie mit mir reden will.

M: Ja, natürlich! Wenn Inga dich bittet, hat es sicherlich einen Grund. Vielleicht kannst du mir ja helfen.

Ich spüre noch eine weitere Energie bei ihr. Die verstorbene Schwester Sonja meldet sich. Sie wurde vom Auto überfahren und ist in Minnis Aura.

S: Ich will auch, dass du mit mir redest.

T: Okay, das werde ich tun, ich werde euch helfen, aber eins nach dem anderen. Erst mal rede ich mit Minni.

T: Liebe Minni, warum gehst du nicht mehr aus dem Haus?

M: Oh, es ist so gefährlich draußen, ich kenne mich nicht richtig aus, weiß nicht, wo ich am sichersten laufe.

Die Familie ist erst vor Kurzem umgezogen. Und Minni hat solche Angst vor Autos.

T: Ich werde Inga bitten, dir den sichersten Weg zu erklären und dir deine neue Umgebung zu zeigen.

M: Oh, das wäre schön. Es ist alles so fremd hier, vielleicht geht es dann besser.

T: Hast du Sonjas Tod überwunden?

M: Das weißt du doch, Sonja ist hier, sie ist nicht weg. Sie hat ihren Tod noch nicht überwunden, findet keine Ruhe und will auf mich aufpassen. Das hat Finn natürlich gestört.

Finn ist der neue Kater, der an Sonjas Stelle zur Familie kam.

T: Liebe Minni, bist du soweit, alleine zurecht zu kommen und kannst Sonja loslassen? Soll ich ihr helfen, ins Licht zu gehen?

M: Es wird wieder ein ganz anderes Leben werden. Nun glaube ich, es ist soweit. Aber ich rede erst mit ihr.

T: Okay, dann bis später.

Kurze Pause.

T: Sonja, möchtest du mit mir sprechen?

S: Ich finde es sehr entspannend, dass du da bist, durch dich kann ich ins Licht.

T: Liebe Sonja, möchtest du noch etwas sagen?

S: Es ging alles so schnell, ich wurde praktisch herausgeschleudert. Ich konnte mich nicht darauf vorbereiten. So hatte ich das nicht geplant.

T: Hattest du es geplant, dieses Mal auf diese Weise deinen Körper zu verlassen?

S: Ja, habe ich schon überlegt. Aber es ging zu schnell. Ich habe mich ja nicht mal verabschiedet. Und so habe ich es gar nicht gemerkt und bin nach Hause gerannt, zu Minni. Sie hat mir dann gesagt, dass ich meinen Körper gar nicht dabei habe.

T: Also gut, Sonja, möchtest du Inga noch etwas ausrichten?

S: Ich war gerade dabei, am Herzen ihres Sohnes zu arbeiten. Richte ihm aus, ich habe ihn sehr lieb und er wird immer einen Platz in meinem Herzen haben. Er fühlt sich oft ungeliebt und innerlich einsam. Das überspielt er dann. Er will seine Gefühle ja selber gar nicht anschauen. Tiere kommen da leichter ans Herz als Menschen.

T: Willst du Inga noch was sagen?

S: Ich bedanke mich für ihre Liebe. Ich weiß, dass auch sie Probleme hat, mich gehen zu lassen. Aber jetzt wird alles gut. Sie hat sehr viel Arbeit, aber die Kinder brauchen manchmal ihre Ohren, dass sie zuhört. Ich habe alle sehr lieb und danke für die Zeit.

T: Liebe Sonja, liebe Minni, ich bitte euch nun, euch voneinander zu verabschieden.

Ich arbeite energetisch mit den beiden und öffne den Lichtkanal. Es dauert ungefähr zehn Minuten. Dann sehe ich, wie Sonja auf das Licht zugeht und die anderen zwei Katzen (Minni und Finn) außerhalb sitzen und sie verabschieden.

Nach ca. einer halben Stunde nehme ich wieder Kontakt zu Minni auf.

T: Minni, wie geht es dir?

M: Ich werde sie sehr vermissen. Aber ich fühle mich erleichtert. Wir haben ja schon von deinem Kommen gewusst, dass Inga dich bitten wird, mit uns zu reden und haben uns darauf vorbereitet. Für Finn war es oft sehr schwer, denn ich hatte ja keinen Platz in meinem Herzen.

Kannst du mich bitte noch behandeln?

T: Ich werde energetisch an dir arbeiten, wenn unser Gespräch beendet ist.

M: Danke! Ich denke, die Welt wird jetzt klarer.

T: Wirst du Sonja sehr vermissen?

M: Bei uns ist das anders als bei euch Menschen. Wir können ja auch so kommunizieren. Und wir haben uns darauf vorbereitet.

T: Hast du mir noch etwas zu sagen?

M: Tanja, danke, du hast mir ein Stück Freiheit und Leichtigkeit zurückgegeben. Es war sehr wichtig für uns. Wer macht das schon?

T: Meine liebe Minni, ich möchte mich dann von dir verabschieden und bedanke mich für unsere Unterhaltung und Zusammenarbeit.

Ich bleibe noch „online“ und setze sie zu mir in die Lichtsäule. Später schlage ich ihr vor, erst mal in den Garten zu gehen und den Verkehr gut zu beobachten.

Ängstlicher Kater Finn

Am Tag darauf habe ich ein Gespräch mit Kater Finn, dem so genannten Nachfolger von Sonja. Ich soll ihn fragen, warum er so ängstlich ist und ob er die Kastration gut überwunden hat.

T: Finn?

F: Ja, so heiße ich.

Er wirkt sehr nervös.

T: Finn, ich bin Tanja.

F: Ach die, die mit Minni gesprochen hat.

T: Ja, genau. Darf ich mit dir reden?

F: Ja, natürlich.

T: Finn, warum bist du so ängstlich?

F: Man weiß nie, was kommt und wird manchmal überrascht von den Dingen.

Ich habe das Gefühl, er nimmt durch Sonjas Erlebnis Angst auf. Da er als junges Kätzchen zu der Familie kam, hat sie ihn mit erzogen und vor allem vor den Gefahren gewarnt.

T: Wovor hast du Angst?

F: Alles kann gefährlich werden.

T: Vor den Menschen bei dir brauchst du doch keine Angst zu haben.

F: Es kommen manchmal die Dinge überraschend, wenn man nicht damit rechnet. Man muss immer auf der Hut sein.

T: Mein lieber Finn, zu Hause bist du sicher.

F: Da gibt es auch manchmal Wutausbrüche, mit denen man nicht rechnet.

T: Lieber Finn, das ist doch normal. Aber du als Katze siehst doch vorher schon, wenn sich die Aura der Menschen farblich ändert.

F: Da achte ich doch gar nicht darauf.

T: Dann solltest du es mehr tun, lerne damit umzugehen und rechtzeitig zu reagieren.
Wenn sich die Farbe oder die Ausstrahlung der Menschen ändert, sodass du dich unwohl fühlst, dann geh auf einen sicheren Platz.
Verbinde dich mit der geistigen Welt und lass' dir helfen, damit umzugehen.

F: Wird die mir dann helfen?

Ich merke, er vertraut nicht auf die Hilfe der geistigen Welt. Ich glaube, Sonja hat ihm allzu sehr zur Vorsicht geraten und ihn dadurch überängstlich gemacht.

T: Finn, die geistige Welt bemüht sich immer zu helfen. Verbinde dich öfter mit dem Katzenkollektiv und nimm die Lehren der Weisen an. Sie werden dir bestimmt helfen, damit umzugehen und deinen Auftrag kennenzulernen und ihn zu leben.

Eigentlich, soviel ich weiß, habt ihr Katzen doch die Begabung, die Herzen der Menschen zu heilen. Vielleicht gelingt es dir ja, die Farben und Gefühle der Menschen wieder ins Positive zu ändern.

Finn sagt erst mal gar nichts. Er denkt nach. Er kann sich das alles wohl nicht vorstellen.

T: Mein lieber Finn, soll ich vielleicht mal deine Aura übernehmen und reinigen?

F: Tut das weh?

T: Nein, es fühlt sich vielleicht etwas seltsam und leer an, wenn deine Aura weg ist, aber ich schicke sie dir wieder, ich verspreche es. Ich passe auf dich auf und tue nichts, was dir schadet.

F: Na ja, okay. Versuchen wir es. Dauert das lange? Wann willst du es tun?

T: Ich würde dir vorschlagen, wir machen es jetzt gleich. Ich lege den Stift weg und hole deine Aura. Also nicht erschrecken.

Nach etwa einer halben Stunde:

T: Finn, wie geht es dir?

F: Es tut mir leid, wenn es dir jetzt nicht so gut geht. Mir geht es – na ja, ich weiß nicht – es fühlt sich alles leichter an.

T: Mach' dir um mich keine Sorgen, das wird schon wieder. Habe da so meine Methoden und Helfer.

F: Bist du dir sicher?

T: Ja, bin ich. Vielleicht bin ich auch etwas erschöpft, weil unser Gespräch schon zwei Stunden dauert. Aber ich möchte dir, wenn du es schaffst, noch eine Frage stellen.

F: Ich bin auch erschöpft. Es ist so viel Neues, aber schieß los.

T: Hast du die Kastration überwunden?

F: Ist es das, wo sie mir meine Männlichkeit genommen haben? Das war schon ein Schock! Da stehst du in der Früh nichts ahnend auf und dann kommt so ein Tag. Danach tut alles weh und nichts ist mehr so, wie es war. Das war auch so etwas, mit dem man nicht gerechnet hat.

T: Aber du wusstest doch, dass so etwas kommt.

F: Aber ich wusste nicht, wie es ist. Ich traue lieber keinem.

T: Kennst du es nicht aus anderen Leben?

F: Ich war als Katze noch nicht so oft auf der Erde und wenn, meistens als Frau, also weiblich.

T: Mein lieber Finn, lerne es zu akzeptieren, als Kater hast du es hier auch nicht leicht. Die zahlreichen Macht- und Revierkämpfe.

F: Ja, ja, ich weiß schon. Es geht auch schon wieder.

T: Finn, ich möchte mich jetzt von dir verabschieden. Es funktioniert auch nicht mehr so richtig.

Der Kontakt wird schwächer und unklarer.

F: Ja, ich merke es.

T: Vielen Dank für dein Gespräch und dein Vertrauen. Vielleicht ändert sich jetzt so manches bei euch und bei dir. Sei offen.

F: Liebe Tanja, vielen Dank, mach's gut.

Ich hatte die ganze Zeit den Eindruck, dass Finn über sehr menschliche Gefühle verfügt. Eigentlich überhaupt nicht katzentypisch.

Kater Henry offenbart Überraschendes

Oftmals nehmen die Gespräche einen ganz anderen Verlauf als geplant und führen zu überraschenden Ergebnissen.

Ich werde kontaktiert, um mit dem Kater Henry zu reden, etwas über seinen derzeitigen Gesundheitszustand zu erfahren und eventuelle Behandlungswünsche aufzunehmen.

Beim Kontakt zu Henry stelle ich fest, dass es ihm gesundheitlich im Moment gar nicht gut geht, eher bedenklich schlecht. Ich rufe die Besitzerin an und rate ihr, umgehend zum Tierarzt zu gehen. Sie tut es und dort erfolgt sofort eine Notoperation, weil er Harnsteine hat und sich schon eine Urämie ankündigt.

Gott sei Dank, er hat die Operation gut überstanden, sodass ich nach einiger Zeit wieder Kontakt zu ihm aufnehmen kann.

T: Wie geht es dir?

H: Ich danke Ilka, dass sie mich hat operieren lassen.

Ich habe das Gefühl, mit jemand zu reden, der sehr weise ist. Er macht auch nicht viele Worte und ich muss immer an einen Mönch denken.

H: Ja, ich war einmal ein Mönch, deshalb rede ich auch nicht so viel, sondern beobachte.

Ich brauche keine Bachblüten. Und ich habe keinen Schock mehr, den habe ich schon gelöst.

Hiermit antwortet er mir auf Fragen, die ich mir vorgenommen hatte zu stellen, noch bevor ich sie ausgesprochen habe.

H: Du kannst mich jederzeit um Rat fragen. Ich habe erlebt, wie sehr ein Mensch ein Tier lieben kann und was er bereit ist, für sein Tier zu tun. Es ist eine Erfahrung, die ich machen wollte, als Tier.

Damit bestätigt er meinen Eindruck, das Erdendasein einmal aus der Sicht eines Tieres erleben zu wollen.

T: Wird die Krankheit wiederkommen?

H: In nächster Zeit nicht, auch wenn ich nicht sehr alt werde. Sag Ilka alles, auch dass ich einmal ein Mönch war. Das wird unsere Arbeit erleichtern.

T: Hast du mir etwas mitzuteilen?

H: Tanja, du bist gut, mach weiter so und habe keine Angst.

Und jetzt halten Sie sich fest!

H: Verkauf dein Auto, denn das alte macht es nicht mehr lange!

Das hat gesessen. Ich hatte ja schon öfter das Gefühl, mein Auto bricht irgendwann unter mir zusammen. Aber ich mochte es doch so. Es war ein gutes Familienauto. Und dass mir das jetzt eine Katze sagt, da habe auch ich erst einmal geschluckt. Dabei bin ich ja inzwischen schon einiges gewohnt. Nach einigen Minuten des Nachdenkens dann meine Frage:

T: Und welches soll ich mir dann kaufen?

H: Kauf dir ein Autogas-Auto, das ist derzeit das Beste für dich. Bitte die geistige Welt, dir zu helfen.

Er meint, wegen der geringeren Umweltbelastung und auch wegen der günstigeren Treibstoffkosten.

So, liebe Leser, nun nimmt alles seinen Lauf. Innerhalb von zwei bis drei Wochen ist mein Auto verkauft, aber wir haben noch kein neues.

Wir brauchen ja doch ein Auto, in dem die ganze Familie, zwei Erwachsene und drei Kinder, gut Platz hat. Außerdem fahren wir unsere Kinder mit einer Fahrgemeinschaft selber in die Schule. Das bedeutet, wir brauchen mindestens sechs Sitzplätze. Und natürlich nicht zu teuer in der Anschaffung.

Auch dieser Autokauf wird sehr geführt. Ich beobachte an mir, dass ich auf Ausstattungsdetails gar nicht mehr achte, die mir bisher sehr wichtig waren, es musste nur ein Auto mit Gasantrieb sein. Inzwischen fahren wir ein solches Modell und mit sechs Sitzplätzen.

Ja, liebe Leser, bis dahin hätte ich auch nicht gedacht, dass ein Tiergespräch solche Auswirkungen haben kann. Natürlich haben wir uns gedanklich schon damit beschäftigt, dass wir irgendwann ein neues Auto benötigen, aber es ging dann alles sehr schnell.

Gespräch mit Hund Crispino

Ich versuche, den Kontakt zum Hund Crispino aufzunehmen, den ich schon seit längerer Zeit kenne.

C: Ich bin doch schon da! Ich bin doch schon da! Du brauchst gar nicht mehr weiter zu machen.

Damit meint er, den Kontakt nicht noch stärker zu suchen.

C: Ich warte seit Monaten, dass du mit mir sprichst.

Ich will ihm den Ablauf erklären.

C: Du hast es doch Daniela schon erklärt.
Nun zu den Fragen.

T: Bist du immer so stur oder hörst du wirklich schlecht?

C: Ich lass' mir doch von euch nicht alles sagen.

Damit meint er seine Familie.

T: Hast du starke Schmerzen?

C: Manchmal ja, manchmal nein, so wie es gerade kommt.

T: Sollen sie dir Medikamente geben?

C: Das kommt darauf an, was.

Er möchte keine schulmedizinische Behandlung, sondern ist mit natürlichen Heilverfahren wie Umschläge, Einölen und Massieren bei viel körperlicher Ruhe voll zufrieden. Liebe ist das, was seinen Weg am leichtesten macht.

T: Warum urinierst du zurzeit im Haus?

C: Das Alter, das Alter. Da ist manches nicht mehr so, wie man will. Wenn ich schlafe, gehe ich in die völlige Entspannung. Kann manches einfach nicht mehr so kontrollieren, es geht dann schnell. Tut mir leid.

T: Überfordert dich Daniela mit langen Spaziergängen?

C: Der Mittelweg ist immer der beste Weg.

T: Bist du nur stur oder hörst du wirklich schlecht?

Um mir sicher zu sein, dass ich eine zutreffende Antwort bekomme, stelle ich manche Fragen zweimal.

C: Ich lass mir nicht alles sagen. Aber jetzt hör ich nicht mehr alles, da müsst ihr schon lauter sprechen.

T: Hast du auf früheren Streuneraktionen schon mal ein Reh oder ein anderes Tier gerissen?

C: Nein, nein, ich doch nicht. (Danach ganz kleinlaut:) Außerdem sind Hasen viel interessanter.

Ich sehe, wie er mit Freude einem Hasen hinterherjagt. Es ist eher ein Spiel. Er findet es schön, wenn der Hase Haken schlägt. Ich fühle auch keine Angst bei dem Hasen.

T: Du sollst, wenn es an der Zeit ist, auch loslassen können.

C: Leichter gesagt, als getan. Es war ja doch eine schöne Zeit und ich fühle mich sehr wohl hier.

T: Sie möchten dir sagen, dass du ihnen sehr wichtig bist und dass dich alle sehr lieb haben.

C: Das fühle ich jeden Tag. **Danke!** Ich habe auch alle sehr lieb. Ich danke allen sehr für die schöne Zeit hier. Nun wird es bald Zeit zu gehen, aber wir werden uns irgendwann wiedersehen.

Zu dem Thema „bald“ muss ich erwähnen, dass Tiere ein anderes Zeitverständnis haben. Mit bald kann ein Zeitraum von drei Tagen, aber auch von fünf Jahren gemeint sein.

T: Crispino, möchtest du noch etwas sagen?

C: Es war schön, mich noch einmal mitteilen zu können. Ein Leben hat Höhen und Tiefen. Daniela bzw. alle lieben die Berge. Das Auf und Ab ist Teil des Lebens. Wenn man im Tal ist, geht es auf der anderen Seite wieder bergauf.

Ich glaube, damit meint er zwischenmenschliche Beziehungen.

C: Ihr habt es zurzeit schwer auf der Erde. Ihr müsst euch entscheiden, welchen Weg ihr gehen wollt – und vertrauen. Dann ist alles offen.

T: Crispino, kommt das wirklich von dir?

C: Natürlich oder glaubst du vielleicht, ich habe keine Weisheit in mir? Alle anderen Tiere schon, nur der gute, alte Crispino nicht. Das könnte dir so passen. Aber da bist du falsch bzw. schief gewickelt. Auch ich weiß vieles und kenne meine Pappenheimer in- und auswendig.

Damit meint er seine Familie. Dann werden meine Gedanken zu dem großen Sohn der Menschenfamilie geführt.

C: Oh, eine neue Liebe ist im Anmarsch, aber Vorsicht ist die Mutter der Porzellankiste.

T: Crispino, es ist jetzt fünf Uhr und ich würde gerne noch etwas schlafen.

C: Schon okay, wir können gerne ein anderes Mal weiterreden. Das macht Spaß.

Nelly ist um die Menschen besorgt

Hundehalterin Gisela macht sich um den Gemütszustand ihrer Hündin Nelly Sorgen und beauftragt mich, die Ursache zu ergründen.

T: Nelly, warum bist du oft so traurig und depressiv?

N: Ich fühle die Traurigkeit und Angst und die Hilflosigkeit im Herzen der Menschen um mich herum bzw. von allen Menschen.
Jeder hat Angst:
Kann ich mir dies oder das leisten?
Wie wird es weitergehen?
Was kommt auf mich zu?
Wie soll man da fröhlich sein, wenn alles traurig ist und jeder seinen trüben Gedanken nachhängt?

T: Hast du Gisela was zu sagen?

N (an Gisela): Nimm dir nicht alles so zu Herzen. Dein Weg ist ohnehin vorbestimmt, du musst ihn nur gehen. Dann wird alles gut. Keine Angst, ich bin ja bei dir.

T: Bist du krank? Hast du Anlagen zu Krebs?

N: Anlagen zu Krebs hat jeder in sich. Bei dem einen bricht er aus, beim anderen eben nicht.

Kommt auf den psychischen Zustand an. Natürlich habe auch ich immer wieder Dinge in mir, die da nicht hingehören. Die muss ich dann ordnen und wenn es klappt, wegschicken. Jeder trägt, weil er liebt.

T: Wo oder bei wem willst du am liebsten schlafen?

N: Unterschiedlich, meistens bei dem, der am meisten Energie braucht. Aber auch manchmal da, wo die meiste Energie ist, um mich aufzutanken.

T: Was für Wünsche hast du?

N: Leben und leben lassen!

T: Was für Futter hast du am liebsten?

N: Ich hätte gerne mal, dass sie für mich kocht. Gerne mit Nudeln oder so. Ansonsten, Geschmäcker ändern sich.

T: Als was oder wer warst du schon einmal bei ihr?

N: Natürlich kenne ich sie, aber ich möchte nicht im vergangenen Leben rumrühren. Tote soll man ruhen lassen. Wir leben im Hier und Jetzt.

T: Möchtest du gerne einen Freund?

N: Jeder Mensch, so auch jedes Tier, hat gerne einen Freund. Da macht das Spielen mehr Spaß und man kann sich unterhalten.

T: Willst du noch etwas zu dem Thema Tragen und Übernehmen sagen?

N: Jeder hat seine Aufgaben. Meine ist, den Menschen folgende Botschaften zu bringen: Lernt abzugeben und loszulassen. Erkennt die Kraft der Gedanken. Je mehr ihr abgebt, desto weniger müsst ihr oder ein anderer tragen, desto freier und glücklicher ist die Seele eines jeden.

T: Wie sollen sie oder man abgeben?

N: Bruno Gröning, der bekannte Heiler, hat es dich gelehrt. Aber es gibt noch viele weitere Möglichkeiten. Zum Beispiel sind die Engel immer bei euch und um euch herum. Sie sind immer bereit, euch Dinge abzunehmen.

Katze Bente alias Hund Scotty

Als ich noch in häuslicher Gemeinschaft mit meiner Mama lebte, hatten wir einen wunderschönen schwarzen Mischlingshund namens Scotty, der im hohen Alter von der Erde ging.

Scotty

Zu seinen Lebzeiten hatte ich immer das Gefühl, dass er meine Ausbildung in medialen Heilweisen, damals noch für die Behandlung von Menschen angelegt, sehr begrüßte und unterstützte.

Dann zog ich mit meiner Familie um in ein Haus mit großem Grundstück.

Wir hielten uns Ziegen, Hasen und anfangs auch Enten. Was ich nicht wollte, waren Katzen oder Hunde. Ich wusste aus Erfahrung, dass ein Hund so viel Zeit wie ein weiteres Kind beansprucht und ich hatte schon drei eigene Kinder.

Doch entdecke ich eines Tages in meinem Hof zwei kleine Katzen. Sie gehören, wie sich herausstellt, meiner Nachbarin, deren Wohnung sich im gleichen Haus befindet.

Sowie ich die Kätzchen im Hof treffe, merke ich sofort, dass sie sich bei mir einschmeicheln wollen. Ich sage zu ihnen: „Ach, gebt ihr euch jetzt wohl so süß, weil ich eigentlich keine Katzen will?"

Meine Kinder und auch ich verlieben uns sofort in die Kleinen. Ihre Nachbarschaft kommt uns ganz gelegen. Sie heißen Bente und Merrit.

Eines Tages nehme ich Kontakt zu unserem früheren Hund Scotty auf, dem Hund meiner Mutter. Er sagt nicht viel, dafür aber deutlich: **„Ich bin Bente!"** Das ist eine Überraschung!

Ich grüble über die wundersame Wiederkehr nach und bin bereit, die Katze zu nehmen. Aber sie gehört ja meiner Nachbarin!

Kurz darauf kommt mir Bente im Garten entgegen mit einem der kleinen Foxi-Hasen im Maul – tot.

Katze Bente

Wie ich meiner Nachbarin die Nachricht bringe, reagiert sie natürlich sauer: „Die schmeiß ich raus!"

Das ist die Gelegenheit. Sofort biete ich an, die Katze zu nehmen und bekomme sie auch.

Seitdem lebt Bente bei mir. Eine wundervolle Katze. Tja, Gottes Wege sind manchmal verschlungen und schwer zu verstehen, aber Bente ist jetzt zu Hause angekommen.

Gespräch mit Kater Lawino

Kater Lawino ist schwer krank und der Tierarzt vermutet, dass unser Kater an FIP (Feline infektiöse Peritonitis) erkrankt ist. Eine sichere Diagnose kann eigentlich nur durch eine Blutuntersuchung gestellt werden, was bei unserem Kater aufgrund seines unruhigen Verhaltens nicht möglich ist. Der Tierarzt meint dann, diese Krankheit sei unheilbar und unser Kater würde sowieso daran sterben.

Erst kurz zuvor war eine andere unserer Katzen gestorben, bei der die gleichen Symptome aufgetreten waren. Beide Katzen waren noch sehr jung, es waren alles Kinder von Bente.

Um mehr über die Ursache der Erkrankung zu erfahren, wende ich mich direkt an Lawino.

Lawino

T: Hast du FIP?

L: So nennt ihr es vielleicht.

T: Gibt es irgendetwas, womit ich die Krankheit stoppen kann?

L: Ich weiß nicht genau, ob du es findest! Das wäre eine Auflösung der Viren in meinem Körper.

T: Geht es dir etwas besser? Das Fieber ist doch schon etwas runter.

L: Ich habe keine starken Schmerzen, wenn du das meinst.

T: Warum frisst du dann nicht?

L: Keinen Appetit, mir schmeckt nichts wirklich.

T: Diese Krankheit ist ja leider sehr weit verbreitet. Was will sie uns sagen? Was ist der Ursprung?

L: Auf dieser Welt ist nichts wirklich in Ordnung. Es sind die versteckten Dinge, die ihr nicht seht, die die Tierwelt schwächen.

T: Du meinst HAARP, Handy usw.?

L: Unter anderem. Die Viren werden immer resistenter und dagegen gibt es kein Medikament.

T: Und warum erkranken ausgerechnet meine Katzen daran?

L: Warum nicht? Schau genau hin! Geh der Sache auf den Grund, finde eine Lösung und kläre auf! Du hast Möglichkeiten und viel Wissen. Genau deshalb stellen wir uns zur Verfügung. Wir wissen, du wirst die Tierarztaussage nicht einfach akzeptieren, sondern dich auf die Suche machen.

T: Ja, aber wo soll ich denn suchen?

L: Du bist auf dem richtigen Weg.

T: Wirst du überleben?

L: Das ist nicht das Wichtigste.
Finde den Ursprung!

T: Aber was ist der Ursprung?

L: Der Ursprung ist das Leben, das ihr führt, die Manipulation.

T: Hat es auch etwas mit unserem Haus bzw. Grundstück zu tun?

L: Wir tragen alle für euch. Jeder, der von uns geht (er meint unsere Tiere), nimmt ein Stückchen mit und es wird wieder etwas leichter.

T: Warum lasst ihr uns bzw. mich die Dinge nicht selber tragen?

L: Das wäre zu viel. Deshalb sind wir ja mit da. Du hast noch wichtigere Aufgaben. Bringe das Wissen in die Welt, dabei helfen wir gerne. Wären nicht wir, deine Tiere, daran erkrankt, hättest du die Katzenkrankheiten doch nie genauer angeschaut. Du hättest sie ignoriert, weil dein Herz nicht so betroffen wäre.

T: Aber Lawino, ich will nicht, dass du gehst. Lass mich doch die Lösung finden.

L: Gottes Wille geschehe.

Seitdem bin ich auf der Suche nach der Lösung, muss aber gestehen, sie bisher noch nicht gefunden zu haben.

Unser geliebter Kater Lawino, ebenso wie seine Schwester Wolke kurze Zeit zuvor, haben inzwischen die Erde verlassen.

Ich freue mich auf den Tag, an dem beide beschließen, sich wieder in einen gesunden Körper zu inkarnieren und zu unserer Familie zurückzukehren. Ich werde sie mit offenen Armen empfangen.

Hund Max warnt vor unsichtbarer Gefahr

Kurze Zeit später folgt ein Gespräch mit Max, einem schönen Berner Sennenhund. Er ist auch sofort präsent.

Max

M: Ich habe schon gehört, dass du mit mir reden sollst. Hat Petra schon erzählt, dass sie dir einen Brief geschrieben hat. Natürlich rede ich mit dir.

T: Lieber Max, dann lass uns mit den Fragen anfangen, die Petra dir stellen will. Okay?

M: Okay.

T: Max, warum frisst du so wenig?

M: Im Sommer isst man nicht viel, da reicht weniger.

T: Hat es auch mit Schwingungsänderung zu tun?

M: Damit hat vieles zu tun. Aber das ist wunderbar. Deshalb sind wir bei euch, auch wenn es uns dabei nicht immer gut geht. Wir kommen in Prozesse, genau wie ihr. Es ist nicht immer einfach, aber es ist gut. Manche von uns, von euren Tieren, verlassen die Erde, um mit höherer Schwingung wiederzukommen.

T: Max, das tut mir gut, dass du das sagst. Vielleicht ist es bei meinen Katzen ja genauso.

M: Es ist genauso! Deshalb habe ich es dir ja erzählt.

T: Danke. Was kann Petra dir zubereiten, was du gerne frisst?

M: Abwechslung mit viel Natur.

Ich sehe ihn im Freien fressen, aber es kann auch daran liegen, dass ich selbst draußen sitze und gerade viele Vögel zwitschern. Die Besitzerin bestätigt mir später, dass er jetzt öfter draußen frisst.

T: Frisst du überhaupt noch gerne Fleisch?

M: Fisch und Huhn!

Nun höre ich ein Lied:

Probier's mal mit Gemütlichkeit,
mit Ruhe und Gemütlichkeit,
wirf einfach deine Sorgen über Bord.

T: Ist das Lied jetzt für Petra oder für mich?

M: Für alle Menschen dieser Welt.

T: Wie geht es deiner Prostata?

M: Die Prostata ist groß und stark. Ihr könnt sie ja mal mit Licht durchfluten, das tut jedem Mann gut.

T: Bist du krank an der Prostata?

M: Nein.

T: Was kann Petra dir Gutes tun?

M: Sie tut mir Gutes, indem sie mir Liebe und Zeit schenkt. Ich liebe die Natur, das Rennen, das Spielen, das Schlummern. Alles zu seiner Zeit.

T: Stört dich etwas im Haus?

M: Die Handys müssen raus! Aber nicht nur aus diesem Haus. Sie müssen raus aus jedem Haus. Sie zerstören alles, was noch lebt. Aber sie sind klein und fein (er meint die Strahlung), sodass ihr sie nicht sehen könnt.

T: Hast du eine Lösung für uns?

M: Die Natur macht euch alles vor, seht mal genauer hin! Ich finde den Satz übrigens gut, den du vorne auf deinem Block stehen hast.

Auf den Blöcken, in denen ich meine Tiergespräche notiere, schreibe ich auf das Deckblatt oft einen Satz und das Datum, ab wann darin Tiergespräche notiert sind. Auf dem Deckblatt steht:

„Der Mensch – wirklich Krone der Schöpfung?
Sieh mal genauer hin."

Woher er das nun wieder weiß?

T: Möchtest du Petra etwas sagen?

M: Nehmt euch in Acht,
denn ihr werdet bewacht.
Die Zeit – sie ist nah
und sie wird wunderbar.

So, wie dein Kater es sagte, es sind die Dinge, die ihr nicht sehen könnt, die euch und uns negativ beeinflussen.

T: Woher weißt du das nun wieder mit meinem Kater?

M: Du weißt, wir können Gedanken lesen und du hast gerade an ihn gedacht.

Um wieder auf die mir aufgetragenen Fragen zu kommen, gehe ich nicht weiter darauf ein.

T: Wie geht es dir allgemein?

M: Es könnte wohl kaum besser sein. Ich bin nicht oft allein, hab ein schönes Daheim und warte, was kommt.

T: Also, hast du evtl. doch eine Krankheit?

M: Nein, alles gehört zum Prozess, wie ihr es nennt.

T: Warum habe ich immer das Gefühl, dass dir das Wort „Prozess“ nicht gefällt?

M: Alles gehört zum Leben, egal wie ihr es nennt. Ihr habt die Ehre, in dieser Zeit der Wandlung dabei zu sein. So ist es eben. Punkt, Schluss, Aus.

T: Was kann Petra gegen die Zecken machen?

M: Gegen Zecken kann man gar nicht viel machen. Sie gehören inzwischen leider zum Leben, „wie die Faust aufs Auge“. Man kann vor dem Spazierengehen beten oder die „Zeckenfreiheit" bestellen. Man darf aber nicht in die Angst verfallen, das zieht sie an.

T: Möchtest du kastriert werden?

M: Ach, die Weiber, die machen mich verrückt, dabei hab' ich noch gar keine beglückt.

Ich empfange keine klare Antwort. Habe aber das Gefühl, er wäre schon ganz gerne einmal Vater.

Ansonsten ist er wahrscheinlich schon damit einverstanden.

Aber regelmäßig sollte die Prostata mit Licht durchflutet werden, dass er sich weiterhin als Mann bzw. großer, starker Hund fühlt.

T: Lieber Max, wollen wir das Gespräch hier beenden? Dann danke ich für deine Worte.

M: Ja, lass uns das Gespräch hier beenden. Wir bleiben in Verbindung für dein Buch, meine ich.

Hier sehen Sie es wieder. Zu dieser Zeit wusste ich noch gar nicht genau, ob ich jemals ein Buch schreiben werde. Aber die Tiere wussten es schon.

Vogelspinne Julia ist wieder zu Hause

Eines Tages bekomme ich den sehr interessanten Auftrag, mich mit einer Vogelspinne zu unterhalten. Ich bin neugierig und sehr gespannt, wie sich die Energie einer Vogelspinne anfühlt. Denn diese Spinne war ja schon verstorben. Vielleicht sollte ich noch erwähnen, dass kurze Zeit nach dem Heimgang der Vogelspinne auch Nadja, ein Hund aus dieser Familie, die Erde verlassen hat.

Wie immer nehme ich zuerst den Kontakt auf, stelle mich vor und erkläre den Gesprächsablauf.

Gleich fühle ich mich wie in einer Talsenke im Sand. Viel „Wüstensand" und vereinzelt ein paar Bäume. Die Umgebung erinnert mich etwas an die Szene bei „Harry Potter", wie er der Spinne Aragon begegnet. Bloß ist es bei uns sandig und hell.

Ich nehme ganz viele Spinnen wahr, auch viele kleinere. Die Szene ist überhaupt nicht beängstigend, obwohl ich fühle, dass um mich herum alles krabbelt. Alle sind lieb und glücklich. Dann erscheint eine große Spinne, die Julia. Da sie in das Gespräch einwilligt, beginne ich mit der ersten Frage, die ihre Besitzerin ihr noch stellen wollte.

T: Hallo, Julia, ich habe Fragen von Astrid.

J: Nun, dann stelle sie. Es ist ganz toll, dass wir Spinnen auch auf diese Art und Weise gehört werden. Das wird das Bewusstsein der Menschen und vieles mehr verändern. Die Weisheit der Spinnen ist überall.

Ich fühle Wärme, eine hohe Energie und Kribbeln.

Ihr Menschen achtet uns nicht richtig. Ihr erkennt nicht die Weisheit, die wir in uns tragen.

Ich fühle, sie möchte gerne mehr über die Spinnen allgemein reden.

T: Wenn ich einmal ein Buch schreibe, möchtest du mir dann helfen?

J: Wir helfen dir gerne.

Damit habe ich auch ihre Erlaubnis, den Dialog mit ihr abzudrucken. Ich sehe sehr viele Spinnen.

Es ist gut, wenn unsere Worte gehört werden. Der Spinnenrat, die Ältesten, stehen dir zur Seite.

Jetzt gehen wir wieder zu den Fragen von Astrid über.

T: Julia, woran bist du gestorben?

J: Es war an der Zeit. Ich war sehr unglücklich, habe meine Ahnen und das Leben in Freiheit vermisst. Außerdem hatte ich versprochen, der Hündin Nadja zu helfen, den richtigen Weg zu finden, sie abzuholen und zu führen.

T: Geht es dir jetzt gut?

J: Oh ja, hier sind ganz viele Spinnen und es gibt nur Liebe.

T: Wie alt warst du?

J: In Menschenjahren war ich noch gar nicht so alt. Aber ich war bereit zu gehen.

T: Warst du krank?

J: Mein Herz war krank. Ein Mensch kann einer Spinne nicht den Lebensraum geben, den sie braucht.

T: Warst du durch den Sturz verletzt?

Sie ist einmal aus dem Terrarium vom Tisch gefallen.

J: Nein, durch den Sturz wurde eine Blockade gelöst und ich konnte leichter gehen.

T: Hast du die Gefühle deiner Besitzer dir gegenüber gespürt?

J: Ja, ich spüre, dass sie noch immer um mein Seelenwohl bemüht sind. Dafür danke ich ihnen sehr. Aber ich habe auch erkannt: Eine Spinne, die die Freiheit kennt und liebt, kann in einem Glaskäfig nicht leben.

T: Sie haben sich immer um dein Essen gesorgt.

J: Ich weiß, doch dort wird es nie die gleiche Nahrung geben wie in freier Wildbahn. Das geht gar nicht, auch wenn sie sich noch so sehr bemühen. Ich weiß, dass sie nur das Beste für mich wollten. Dafür danke ich ihnen.

T: Du fehlst ihnen. Möchtest du ihnen noch etwas sagen?

J: Eine Spinne gehört in die Freiheit. Was ihr Menschen noch so alles haltet, z. B. Schlangen, Krokodile, Leguane, alles gehört in die Freiheit. Auch wenn ihr euch noch so sehr bemüht, ihr könnt die Freiheit nicht ersetzen. Ich habe gelernt, Menschen zu lieben und zu respektieren. Aber ich werde die Beweggründe für das Fangen von Tieren nie verstehen.

Nach diesem Gespräch bin ich der Meinung, dass Julia ein Wildfang war. Sie kannte das Gefühl von Freiheit sehr gut, man konnte es spüren. Auch ihre Trauer und Enttäuschung über das enge Terrarium war deutlich wahrzunehmen.

Ich glaube, dass der Wildfang von Spinnen und Schlangen usw. inzwischen eigentlich verboten ist. Julia fühlte sich wie ein Wildfang an.

Oder können die Tiere die Information über das Leben in freier Wildbahn und somit auch die Sehnsucht nach Freiheit über Generationen weitergeben?

Bulldogge Nadja, Julias Freundin

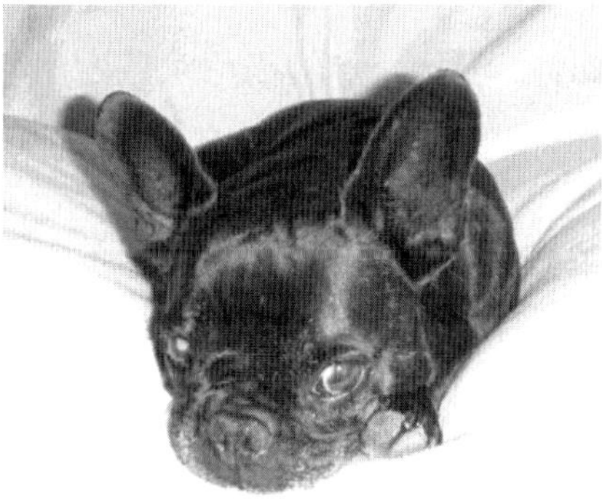

Nadja

Die Freundin und Mitbewohnerin der WG, in der die Vogelspinne Julia lebte, war die französische Bulldogge Nadja. Auch ihre Seele hat inzwischen die Erde verlassen.

Ich spreche sie an, aber sie weiß schon über mich Bescheid.

T: Nadja?

N: Ja, so wurde ich auf Erden genannt. Ah, du bist die, die mit Julia gesprochen hat. Sag Astrid, ich liebe sie sehr, ich denke viel an sie und wir werden uns wiedersehen.

Dies sprudelt alles aus ihr heraus, noch bevor ich eine Frage stellen oder den Ablauf genau erklären kann.

T: Meine liebe Nadja, war es so, dass Julia auf dich gewartet hat?

N: Sie hat mir den Weg bereitet, dadurch war es für mich leichter.

T: War es so?

N: Ja, sie hat mich an ihrer zarten Spinnenhand ins Licht geführt.

T: Bist du jetzt glücklich?

N: Ich bin jetzt endlich sehr glücklich, mir geht es wunderbar und ich mache mir Gedanken, bzw. bereite meinen Weg vor.

Sie braucht scheinbar doch etwas Zeit, um die Erde ganz loszulassen.

T: Möchtest du deinen ehemaligen Menschen noch etwas ausrichten?

N: Sie sollen sich keine Vorwürfe machen, der Lebensweg auf Erden ist eben nicht ewig. Ich danke ihnen für die Zeit bei ihnen, dass ich ihren Lebensweg teilen und ihre Weiterentwicklung miterleben durfte. Meine Zeit bei ihnen war sehr schön.

T: So viel ich weiß, hast du eine Heilung durch Bruno Gröning erfahren. Möchtest du dazu etwas sagen?

N: Oh, ja. Es ist sehr schön, dass sich die Menschen wieder an diese Kraft und diese Möglichkeit der Heilung, d. h. an diese Energieform erinnern. Geistheilung ist der Weg der Zukunft. Aber das weißt du ja.

Ihr müsst euch alle nur erinnern, es war alles schon mal da. Lasst euch nicht ablenken von all der Technik, den Medien und so einem Kram. Hört auf euer Herz und schaut nach innen. Es werden sich euch Türen öffnen, von denen ihr gar nicht wisst, dass es sie gibt.

Du bist doch ein gutes Beispiel.

T: Ich soll dir sagen, dass sie dich sehr vermissen.

N: Sie sollen mich nicht vermissen, sie müssen mich loslassen. Umso leichter kann ich wiederkommen. Es war eine schöne Zeit! An die sollen sie denken, aber ohne Schmerz.

T: Gibt es sonst noch etwas zu sagen?

N: Glück und Zufriedenheit ist das, was zählt auf dieser Welt.

Nicht Missgunst und Neid, das macht nur kalt und alt.

Zum Thema Bulldogge empfange ich: „Wie der Herr, so sei Gschärr." Ist wahrscheinlich ein fränkischer Ausdruck und bedeutet Geschirr. Die Bulldogge gilt ja als Kampfhund. Ich verabschiede mich von ihr.

N: Glück und Segen auf all euren Wegen.

Ich habe das Gefühl, sie ist sehr zufrieden und war es auch mit ihrem Erdenleben. Sie hat keine Lust auf eine lange Unterhaltung, denn sie hat etwas zu tun, evtl. ist sie mit neuer Planung beschäftigt.

Jumper setzt sich durch

Ein sehr lustiges, lehrreiches und ungewöhnliches Gespräch findet hier mit einem Pferd statt.

Über Pferdegespräche freue ich mich immer, denn ich war früher selbst eine begeisterte Reiterin und empfinde große Liebe für Pferde. Es ist immer spannend, was die Pferde uns mitzuteilen haben. Aber der Verlauf und der Ausgang dieses Gespräches sprengt alle meine Vorstellungen über den Charakter von Pferden. Es findet mit dem Pferd Jumper statt, einem Oldenburger aus eigener Zucht.

Er soll verkauft werden, aber jedes Mal, wenn ein Verkaufstermin naht, wird er äußerst aggressiv und bewegt sich nicht mehr.

Meine Aufgabe ist es, mit dem Pferd zu reden und die Fragen der Besitzerin zu übermitteln.

Ich nehme Kontakt auf, ja eigentlich nur eine tiefe Verbindung, und will den Gesprächsablauf erklären, aber da kommt schon die erste Aussage.

> J: Stell dir vor, die wollen mich verkaufen. Nach all dem, was wir zusammen erlebt haben. Ich gehe nicht!

Er stampft mit dem Fuß auf, voller Trotz und zeigt ein Verhalten, wie ich es von einem Pony kenne. Später erfahre ich, dass er tatsächlich in einem früheren Leben ihr Pony war.

T: Sie will dich nicht verkaufen, weil sie dich nicht lieb hat. Du wirst immer einen Platz in ihrem Herzen haben, aber sie braucht dringend Geld.

J: Liebe kann man nicht mit Geld kaufen. Liebe kommt zu einem, einfach so.

Ich denke gerade daran, dass ich noch auf eine E-Mail von der Besitzerin warten muss. Da vernehme ich von ihm:

Da brauchen wir gar nicht auf eine Nachricht zu warten. Ich gehe nicht. Punkt! Wenn ich woandershin soll, werde ich krank und sterbe. Dann falle ich einfach um!

Ich sehe ihn am Boden winseln und schmerzlich jammern. Wie im Comic.

T: Mein lieber Jumper, du bist ja ein ganz schöner Schlawiner.

J: Ich schenke ihr doch nicht mein ganzes Leben, mein ganzes Ich, meine Inkarnationswahl, dass sie mich dann einfach weggibt. Da kann sie sich auf den Kopf stellen und mit den Beinen wackeln. Ich gehe nicht!

Ich mache nachts eine Aurareinigung mit ihm.

T: Warum bist du so aggressiv zu Stefanie?

J: Sie hört mich sonst nicht. Sie vergisst, was wir besprochen hatten.

T: Ist das ein Grund, so brutal zu sein, ein Rippenbruch durch einen Tritt von dir?

J: Ich wollte sie nicht so schwer verletzen. Dafür schäme ich mich, es tut mir leid.

T: Warum gehst du keinen Schritt?

J: Wohin soll ich gehen? Weg von meinem Platz? Weg vom Herzen?

T: Was ist dein Grundproblem?

J: Vertrauen.

T: Gefällt dir die Reitanlage nicht, die sie für dich ausgesucht hat?

J: Bei den ganzen Schickimickis? Denen geht es doch nur darum: Bin ich hübsch? Wer sieht mich? Man sieht nur mit dem Herzen gut. Mein Platz ist an ihrem Haus.

T: Aber dort, wo du jetzt zur Probe bist, ist eine Reitanlage, da kannst du dich auch im Winter bewegen. Am heimischen Hof ist noch nicht einmal eine Reithalle.

J: Ich werde das dort auch im Winter durchstehen. Aber nur mit ihr. Ich verspreche, ich werde laufen. Wenn sie mich weggibt, falle ich einfach um. Bum! Ich will einfach nur Frieden.

T: Aber es macht doch bestimmt auch Spaß zu arbeiten, auf Turniere zu gehen und seine Leistung zu zeigen.

Stefanie sagt, du bist ein tolles Pferd, das ganz viel kann. Darauf ist sie sehr stolz. Außerdem kann man auf höheren Turnieren auch Geld verdienen.

J: Aber nur, wenn es nicht zum Zwang wird.

T: Stefanie hat eher Angst, dass du dich bei ihr langweilst. Du hast so viel Talent und sie wird zeitlich deiner nicht gerecht.

J: Dann soll sie sich eben jemanden zur Hilfe holen. Aber sie und ich, wir sind doch unschlagbar. Ich warte und liebe.

T: Möchtest du nicht ein nettes neues Frauchen?

J: Diese Frage haben wir schon geklärt, nächste Frage!

T: Warum kannst du nicht loslassen?

J: Wir können beide nicht loslassen. So ist das eben, wenn man füreinander bestimmt ist.

T: Warum hast du kein Vertrauen?

J: Gebrochenes Vertrauen muss erst wieder wachsen!

T: Wie siehst du deine Zukunft?

J: Ich sehe eine gemeinsame Zukunft. Wir können beide durch dick und dünn gehen.

T: Lieber Jumper, eins muss dir klar sein, wenn du dein Verhalten nicht änderst, wird es immer wieder Probleme geben. Ausschlagen oder Treten geht gar nicht.

J: Dessen bin ich mir bewusst. Wir haben beide viel falsch gemacht. Aber sie hat es einfach nicht kapiert. Ich bin ihr Leben und sie ist mein Leben. Wir gehören doch zusammen.

T: Lieber Jumper, dann zeige ihr deine Liebe. Du solltest unter ihr gehen und dich nicht verweigern.

J: Ich werde sie tragen, wohin sie will. Hauptsache, wir gehen zusammen.

T: Bitte unterlasse deine Aggressionen, sonst ist es schwer, in der Liebe zu bleiben.

J: Ich werde mich bemühen.

T: Also willst du nicht woandershin?

Um sicher zu gehen, stelle ich die Fragen des Auftraggebers manchmal öfter. Gerade in diesem Fall geht es ja um recht viel Geld.

J: Ist diese Frage jetzt ein Witz? Komischer Humor.

T: Also werde ich ihr sagen, dass du bei ihr bleiben möchtest. Aber du benimmst dich dann auch!

J: Es soll nie mehr so weit kommen.

T: Okay, mein Lieber, ich möchte mich jetzt von dir verabschieden. Machs gut, bleib' sauber und halt die Ohren steif. Kopf hoch, auch wenn der Hals dreckig ist.

J: Danke, das war Rettung in letzter Sekunde.

Die über den Gesprächsausgang informierte Besitzerin sagt daraufhin den Kaufinteressenten ab. Nur den einen Interessenten für den nächsten Nachmittag hat sie an diesem Tag nicht mehr erreicht.

Am nächsten Morgen ruft mich die Besitzerin an und teilt mir mit, das Pflegepersonal der Reitanlage habe sie darüber informiert, dass Jumper in seiner Box liegt und nicht mehr aufsteht. Sie solle schnell den Tierarzt rufen. Die Pfleger machen Druck.

Daraufhin nehme ich zu Jumper Kontakt auf. Er fühlt sich total schwach an, ist nicht mehr der Rebell wie zuvor.

T: Jumper, was ist los?

Es fühlt sich so an, als habe er einen Kreislaufkollaps. Er ist kaum spürbar. Ich bekomme gar keinen richtigen Kontakt.

J: Ah, ah, ich kann nicht mehr.

So verwirklicht er seine Ankündigung: Dann falle ich einfach um! Bum!

Ich rufe die Besitzerin an und empfehle ihr, den Tierarzt einzuschalten.

Den ganzen Vormittag über mache ich energetische Behandlungen bei Jumper. Gegen Mittag nehme ich wieder Kontakt zu ihm auf.

T: Jumper, wie geht es dir?

Er lacht und lacht. Er schlägt sich mit den Hufen auf die Oberschenkel. Das erinnert mich an das Pferd von Lucky Luke.

J: Da schaut ihr. Jetzt habe ich es euch aber gezeigt. Da seht ihr mal, was energetisch möglich ist und was ich alles kann. Ich meine es ernst. Da fall ich einfach um. Bum!

Ich bin schier etwas sauer, mir so Angst zu machen.

T: Jetzt langt es aber! Jetzt hast du es uns allen gezeigt. Jetzt ist aber Schluss. Jetzt musst du laufen und dich benehmen! Sie verkauft dich ja nicht. Aber benimm dich!

Innerlich muss ich auch schmunzeln. Er kommt mir vor, wie das Comic-Pferd Jolly Jumper. Was es alles gibt!

Ein Telefonat mit der Besitzerin am Nachmittag ergibt, dass er zufrieden im Stall steht. Wenn sie ihn rausholt, läuft er ihr nach und wenn sie stehen bleibt, bleibt auch er stehen. Ihm geht es gut.

So ein Schlawiner, so etwas habe ich ja noch gar nicht erlebt.

Katze Carisma vor ihrem Heimgang

Die Katze ist bereits verstorben und die Besitzer wollen wissen, ob alles so richtig war. Ich nehme Kontakt auf.

T: Wie geht es dir?

C: Oh, mir geht es gut. Ich fühle mich frei. Ich bereite mich auf meine nächste Inkarnation vor.

T: Als was willst du wiederkommen?

C: Als Katze hat man doch ein wunderbares Leben. Meistens still und friedvoll.

T: Hätte H. dir das Sterben erleichtern können oder sollen?

C: Nein, es war wunderbar, so wie es war. Ich konnte mich gut darauf vorbereiten und alles ging seinen natürlichen Gang. Ich konnte meine Rituale durchführen und mit der geistigen Welt Kontakt für den Heimgang aufnehmen.

So, wie es bei mir zum Schluss war, war es ein natürlicher Tod. So nennt ihr Menschen es, für mich war es ein Heimgang. Die Spritze ist nie eine natürliche Art zu gehen.

T: Werdet ihr euch wiedersehen?

C: Natürlich werden wir uns wiedersehen.

T: Sollen sie noch eine Katze aufnehmen?

C: Ja, die Katzen haben es gut bei ihnen. Sie spüren täglich ihre Liebe.

T: Willst du wieder zu ihnen?

C: Ich möchte es schon versuchen, aber ich weiß meinen nächsten Lebensplan noch nicht genau.

T: Ich soll dir von H. und M. sagen, dass sie dich sehr lieb haben.

C: Aber das weiß ich doch. Sie haben es mir doch jeden Tag gezeigt.

T: Können sie noch etwas für dich tun? Passt der Grabplatz?

C: Sie haben doch schon alles getan. Der Grabplatz passt und die Seele ist sowieso nicht mehr da.

Sie können sich mal überlegen, ob sie über kurz oder lang zwei Katzen aufnehmen. Aber ich weiß es noch nicht genau.

T: Willst du ihnen noch etwas sagen?

C: Ich stupse sie mit meiner Nase.

T: Dir geht es jetzt also gut.

C: Hier geht es jedem gut.

Gespräche mit Tieren aus dem Zoo

Wie geht es eigentlich den Tieren im Zoo? Diese Frage hat mich schon immer beschäftigt und da kommen mir mitgebrachte Fotografien gerade recht, um nach und nach mit den Zootieren Kontakt aufzunehmen.

Ich kann kein Giraffisch

Mich interessiert, ob alle Giraffen Verbindung über ein Kollektiv haben, und wie sie sich im Zoo fühlen. Da die Giraffendame noch nicht so alt ist, gehe ich davon aus, dass sie in einem Zoo geboren wurde.

Nach der Begrüßung und meiner Vorstellung frage ich sie, ob sie damit einverstanden ist, dass ihre Aussagen in einem Buch veröffentlicht werden. Sie ist damit einverstanden und dankbar, wenn ihre Erfahrung in die Welt kommt.

T: Weißt du eigentlich, dass es Giraffen gibt, die auch anders leben? Dort gibt es keinen Zaun und man muss sich das Futter selber suchen.

G: Ich weiß, ich kann die Savanne riechen und fühlen.

T: Bist du glücklich?

G: Was heißt „glücklich"? Ich habe mich dazu entschieden, in diesem Leben diese Erfahrung zu machen. Es ist frustrierend, eng und einsam, aber es passt schon so.

So richtig schlecht geht es überwiegend den Wildfängen. Diese hatten sich für ein Leben in Freiheit entschieden und wurden ungefragt einfach eingefangen. Das ist ein Bruch in ihrem Leben.

T: Aber bist du selber zufrieden?

G: Was heißt zufrieden? Ich kann nicht so weit laufen wie in Freiheit. Man sieht immer nur das Gleiche und wenn wir woandershin kommen, dann nur in diesen großen fahrenden Blechkisten. Davor gibt's Medikamente, die machen dich ganz duselig.

Mit Natur hat das nichts mehr zu tun. Hier gibt es keine Savanne. Jeder schaut dich an und läuft dann weiter, nur wir müssen stehenbleiben. Aber scheinbar wollte ich diese Erfahrung machen. Dass es auf die Dauer so langweilig wird, habe ich nicht gedacht.

T: Sind deine Pfleger nett? Sie bringen dir das Futter, du brauchst es nicht selber zu suchen.

G: Sie sind nett. Sie verrichten ihre Arbeit gut.

T: Gibt es irgendwas, was du im Zoo gerne mal tun würdest?

G: Ich würde gerne einmal die vielen anderen Tiere kennenlernen und herumlaufen – dem Löwen natürlich nicht unbedingt begegnen – mit dem Ball spielen und ihn mit dem Fuß herumschieben.

Ich sehe einen großen Gymnastikball.

T: Unterhaltet ihr Tiere euch denn nicht miteinander?

G: Doch, manchmal erzählt auch jemand Geschichten. Öfter solche von früher, die sind dann sehr traurig.

T: Verstehen sich die verschiedenen Tierarten untereinander?

G: Welche Frage! Sonst könnten auch wir beide nicht miteinander reden. Du sprichst ja auch kein Giraffisch.

T: Aber du bist in einem deutschen Zoo. Nein, Scherz, ich weiß, was du meinst. Möchtest du noch irgendetwas sagen?

G: Es lebe die Freiheit! Das nächste Mal komme ich nicht als eine Zoogiraffe.

T: Meine liebe Giraffe, ich wünsche dir noch ein gesundes, abwechslungsreiches Leben. Mach's gut!

G: Tschüs Tanja, mach's gut! Dieses Gespräch war Abwechslung. Kommst du uns mal besuchen?

T: Ich habe euch schon öfter besucht, aber da haben wir uns nicht unterhalten. Ich war eine von denen, die dann einfach weitergehen.

G: Ach so. Wenn du mal wiederkommst, ruf deinen Namen ins Gehege. An der Art und Weise, wie du mit uns redest, werde ich dich erkennen.

Ein selbstgefälliges Zebra

Ich betrachte das Bild des Zebras und bekomme sofort Kontakt.

Z: Ich bin ein schönes Zebra. Wenn du meine Streifen zählst, fällst du sofort in Trance.

T: Hallo! Na, da könntest du recht haben, da gehen einem schon die Augen über. Ich wollte dich fragen, wie es dir geht.

Z: Ach, mir geht es ganz gut. Manchmal ist es etwas langweilig, aber ich habe hier viele gute Freunde.

T: Ich nehme an, du bist in einem Zoo geboren.

Z: Ja.

T: Weißt du eigentlich von der Freiheit, in der andere Zebras leben?

Z: Ja, über das Kollektiv und meine Ahnen. Es muss schön sein, so weit zu laufen. Aber es ist in diesem Leben wohl nicht dran. Außerdem lauern dort auch viele Gefahren, da ist es hier natürlich entspannter. Hier bewundern mich die Leute, wie schön ich bin.

T: Du bist ja scheinbar sehr von dir überzeugt. Das finde ich gut und interessant. Ich habe immer gedacht, alle Tiere im Zoo leiden.

Z: Na ja, man muss das Beste daraus machen. Wir konnten uns ja entscheiden.

T: Also, du bist kein Wildfang. Gibt es überhaupt noch Zebras aus Wildfängen?

Z: In europäischen Zoos eher nicht. Die Wildfänge leiden sehr. Sie leiden darunter, dass sie jeder ansieht und sie nicht weglaufen können. Zebras sind sehr scheue Tiere und normalerweise nicht an den Menschen gewöhnt. Im Zoo kann man ohne den Menschen nicht überleben.

T: Ja, ich weiß, er bringt dir dein Futter. Möchtest du mir noch irgendetwas sagen? Ich würde mich nämlich gerne von dir verabschieden.

Z: Nicht, bevor du meine Streifen noch einmal angeschaut hast. Es war schön mit dir.

T: Also ich muss schon sagen, du hast wundervolle Streifen. Da hat Gott sich aber sehr viel Mühe gegeben. (Das Zebra lacht.)

Z: Das hast du aber sehr schön ausgedrückt. Mach's gut.

Ein unglücklicher Tiger

Ich fühle eine völlig andere Energie und sehr viel Aggressivität.

Ti: Wenn mir jemand zu nahe kommt, reiß ich ihm den Kopf ab. Was soll das, uns hier einzusperren und anzuglotzen? Wo bleibt hier der Respekt? Die sollen sich doch selber anglotzen, sie schauen doch auch ziemlich blöd aus.

T: Ich glaube, sie finden nicht, dass du blöd ausschaust. Sie bewundern dich eher, du strahlst viel Stärke aus.

Ti: Nun sag mir mal, Mädchen, wo ist hier der Respekt? Was ist toll daran, wenn man auf engem Raum lebt, nicht jagen kann, nicht rennen und was man sonst noch gerne täte? Was finden die Leute schön daran, jemanden so leiden zu sehen? Wenn ich hier einmal herauskomme, hau ich sie alle um!

T: Ich glaube, genau das wissen die Leute und deshalb hast du auch besonders starke Gitter am Käfig.

Ti: Käfig, Käfig, wenn ich das schon höre! Nun sag mir mal, Mädchen, möchtest du in einem Käfig wohnen?

T: Nein, ehrlich gesagt, nicht. Aber die Menschen haben Angst vor dir und deshalb tun sie das.

Ti: Das können sie auch, Angst haben. Haben sie etwa vergessen, dass Tiger sehr viel Würde in sich tragen?

Sie sind doch so klein, diese menschlichen Geschöpfe. Trotzdem spielen sie sich auf, als wären sie Könige und Herrscher.

In der Natur hätten sie doch kaum eine Überlebenschance. Hier aber verstecken sie sich hinter ihren Gittern.

T: Ist es denn nicht möglich, dass Mensch und Tier wieder friedlich miteinander leben?

Ti: Sag mal, Mädchen, träumst du? Wach auf! Die Realität sieht anders aus. Hier denken die Menschen, sie seien stärker und wissender als alle anderen. Dabei haben sie so viel Angst, diese Angsthasen. Du solltest einmal sehen, wie sie springen, wenn ich brülle und mit meiner Pfote durch das Gitter lange. Lauter Angsthasen.

T: Kannst du dann ihre Energien beobachten?

Ti: Die Energie, die Energie, Mädchen, die Energie der meisten hier ist krank. Aber auch meine Energie ist krank. Das Leben hier macht einfach krank.

T: Ihr werdet doch vom Tierarzt regelmäßig untersucht, oder?

Ti: Vom Tierarzt, vom Tierarzt, wenn ich das schon höre. Der kann mein Herz nicht heilen. Das ist das, was krank ist. Der schickt uns doch nur einen Pfeil und dann schlafen wir ein. Aber Herzen kann er nicht heilen.

T: Soll ich dich einmal behandeln? Vielleicht kann ich dir etwas Liebe schicken. Natürlich nur, wenn du es willst und mich an dich heranlässt.

Ti: Oh, Mädchen, das fühle ich. Ja, probieren wir es einmal.

Wir machen eine energetische Behandlung. Es fließt sehr viel Energie und Liebe aus meinem Herzen.

T: Wie fühlst du dich jetzt?

Ti: Oh, Mädchen, es kam so viel Wärme und Liebe. Einfach schön.

T: Vielleicht wäre es gut für dich, Frieden mit der Situation zu schließen, dann wird bestimmt vieles einfacher. Ich möchte mich jetzt verabschieden.

Ti: Ich merke es. Danke!

T: Wir fühlen einander.

Der Tiger nannte mich immer Mädchen. Das hat vor ihm noch keiner gemacht. Da fällt mir ein, dass ich ihm meinen Namen gar nicht genannt habe.

Ein Silberrücken-Gorilla sucht Gespräche

Bei der Kontaktaufnahme mit dem Silberrücken-Gorilla trommelt er sich auf die Brust und brüllt.

G: Ich bin hier der Chef! Wer wagt es, in meine Gruppe einzudringen?

T: Hallo, ich bin Tanja. Ich würde gerne mit dir sprechen.

G: Wenn du in meine Gruppe willst, musst du erst kämpfen.

Ich fühle ganz viel Stärke und Macht.

T: Ich will nicht in deine Gruppe. Ich spreche mit Tieren und würde mich gerne einmal mit dir unterhalten.

G: Okay, wenn du nicht in meine Gruppe eindringen und mich nicht herausfordern willst, können wir gerne miteinander reden.

T: Ich will dich sicher nicht herausfordern und möchte auch nicht in deine Gruppe. Ich bin ein Mensch.

G: Einer von den komischen Affen, die da draußen herumlaufen?

T: Ja, eigentlich einer von denen. Ich wollte dich fragen, wie es dir hier geht?

G: Langweilig!

T: Langweilig?

G: Ja, wir sitzen die meiste Zeit des Tages nur herum und haben nichts wirklich Wichtiges zu tun.

T: In deiner Gruppe habt ihr doch bestimmt die Aufgaben verteilt.

G: Ja, sicher. Ich bin der Chef.

T: Was hast du von einem Leben im Zoo erwartet?

G: Die Menschen zu studieren und sich mit ihnen zu unterhalten. Aber es gelingt nicht. Sie lassen sich nicht richtig auf uns ein. Man kann keinen Kontakt zu ihnen herstellen.

T: Vielleicht sind die Menschen zu beschäftigt?

G: Die Menschen haben tausend Gedanken in ihren Köpfen und können sie nicht mehr richtig sortieren. Sie wissen nicht, was wichtig ist und was nicht. Sie haben ihr Ziel verloren, ihr göttliches Ziel. Wenn sie uns länger betrachten, was selten vorkommt, dann merken sie: Da war doch noch etwas. Aber sie wissen nicht mehr, was.

T: Du sprichst von der ALL-EINHEIT?

G: Ich spreche davon, wie hier alles falsch ist. Wie verdreht. Und keinem fällt es auf.

T: Ich glaube, immer mehr Menschen merken es, aber sie wissen keinen Ausweg.

G: Auf den wahren Weg kann sie nur das Herz führen. Ich beobachte die Menschen oft sehr genau, aber ich verstehe sie nicht.

T: Ich glaube, einen Menschen zu verstehen, ist gar nicht so einfach. Sie verstehen sich doch oft selber nicht.

G: Sie tragen keine Klarheit in sich.

T: Möchtest du mir sonst noch irgendetwas sagen? Ich möchte mich dann ganz gerne verabschieden. Eine Antwort, wie der Mensch denkt, kann ich dir im Moment nicht geben.

Ich verstehe das alles hier selbst manchmal nicht.

G: Tschüs, meine Kleine. Mach´s gut und folge dem Weg des Herzens. Tut mir leid, dass ich anfangs so aggressiv dir gegenüber war. Aber solche Gespräche mit Menschen finden nur selten statt.

T: Ist schon in Ordnung, so konnte ich wenigstens deine Stärke gleich spüren. Es war für mich auch sehr interessant. Und jetzt weiß ich, dass du ein gutes Herz hast. Bis irgendwann vielleicht.

G: Jedes Tier hat auf seine Art und Weise ein gutes Herz. Es ist bloß manchmal krank und wir haben unterschiedliche Lebensweisen und Aufträge.

Unterhaltung mit einem Pinguin

Vor mir liegen zwei Bilder mit je einem wunderschönen Pinguin, aber ich kann mich nicht entscheiden, mit welchem der Tiere ich zuerst reden soll.

Da meldet sich der eine Pinguin: „Ich würde schon gerne einmal erzählen, wie es uns so geht." Er fühlt sich klein und leicht hibbelig an. Einfach süß. Ich fühle seine kurzen Schritte.

T: Hallo. Also du möchtest reden, dann erzähle. Weißt du überhaupt, wer ich bin?

P: Hallo, Tanja! Ja, ich weiß, wer du bist! Es hat sich bei uns schon herumgesprochen, dass du öfter einmal mit einem von uns redest.

T: Also was möchtest du sagen?

P: Wir leben in einer kleinen Gruppe. Wer von uns ins Wasser fällt, stellt sich wieder hinten an. Die Gruppen sind für uns sehr wichtig. Denn dort, wo wir eigentlich herkommen, ist die Gemeinschaft überlebenswichtig.

T: Bist du glücklich?

P: Was heißt hier glücklich? Ich kenne es doch nicht anders. Ein bisschen rumlaufen, ein bisschen schwimmen, ein bisschen die Leute anschauen, ab und zu ein Fisch, mehr gibt es hier nicht.

Aber ich habe gehört, bei meinen Verwandten in der Freiheit ist das ganz anders. Sie müssen ständig um das Überleben bangen. Die Kälte, die Robben und sie müssen ständig ihre Kinder bzw. ihre Eier beschützen. So etwas gibt es hier nicht.

Aber sie können grenzenlos schwimmen.

Das Leben geht nur in der Gemeinschaft. Einer allein lebt gefährlich. Wir sind nicht anspruchsvoll. Hauptsache, wir sind zusammen.

T: Mein Kleiner, möchtest du noch irgendwas sagen?

P: ‚Mein Kleiner', siehst du! Wir sind nicht klein! Jeder von uns ist ganz groß! Wir können in die Herzen schauen. Aber was nützt es?

T: Ich spüre, wie du in mein Herz schaust. Aber ehrlich gesagt, möchte ich jetzt nicht über meine Herzensprobleme reden. Ich möchte dieses Gespräch nämlich aufschreiben.

P: Ja, wenn du nicht willst, dann eben nicht. Es ist nur sehr wichtig, dass das Herz glücklich ist. Das macht gesund und gibt Kraft.

T: Ich bin mir dessen bewusst. Ich finde es sehr interessant, dass du dir solche Gedanken machst.

Ich fühle dich ständig in meinem Herzen. Möchtest du noch irgendetwas über das Leben im Zoo sagen?

P: Das Leben im Zoo? Das Leben im Zoo ist eines der sichersten, aber auch eines der langweiligsten.

T: Danke für deine klare Aussage. Ich wünsche dir viel Spaß und Abwechslung in deinem Zooleben. Tschüs, mein Kleiner.

P: Du sollst mich nicht immer ‚Kleiner' nennen. Nenn mich ‚mein Großer'. Tschüs, mach's gut und bleibe am Ball!

Ich muss schmunzeln und werde mir dies merken und keinen Pinguin mehr mit „Kleiner" ansprechen, sondern immer mit „mein Großer".

Versuchen Sie es doch einmal bei Ihrem nächsten Zoobesuch. Denken Sie sich vor dem Pinguingehege: „Hallo, meine Großen".

Ich lege mir schmunzelnd noch einmal sein Bild hin und sage prompt: „Na, mein Süßer!"

Ich entschuldige mich sofort und sage: „Äh, mein Großer."

Er sagt schmunzelnd: „Du hast das von Herz zu Herz gemeint. Das ist schon in Ordnung."

Ich glaube, er findet es sehr interessant, dass ich mir über seine Anrede solche Gedanken mache.

Ich schaue wieder auf sein Bild und sage: „Weißt du was, mein Großer, ich mag dich."

Er lacht innerlich: „Ich finde es auch spaßig." Ich habe das Gefühl, als würde das Bild auf einmal lächeln.

Hilferufe der Tiere

Ein Grashüpfer klagt an

Eines Nachts erscheint vor meinem inneren Auge ein Grashüpfer.

Er muss sich wohl sehr angestrengt haben, um bei mir anzukommen, wie wenn er über einen hohen Rand hätte klettern müssen.

Erst sehe ich nur den Anfang der Beine und denke an eine Spinne, aber wie er vollständig auf meiner Bildfläche erscheint, erkenne ich einen Grashüpfer.

Er sagt, und dabei sieht er aus wie ein sterbender Schwan, „Ich muss sterben! Wir alle müssen sterben! Weil der Mensch das weiße Zeug auf die Wiesen tut. Ihr macht das Paradies, das Paradies Wiese, kaputt!“

Mehr sagt er nicht, er will wohl nur gehört werden.

Ich sehe noch viele Wiesenbewohner um ihn herum: Ameisen, Käfer, Larven, Spinnen, Würmer ... Das Bild ist danach gleich wieder weg.

Mir bleiben nur die vielen sorgenvollen Gedanken um den Erhalt eines unbelasteten Lebensraumes, gerade auch für die Kleinlebewesen.

Ein Delfin-Weibchen will Öffentlichkeit

Ich erhalte an diesem Tag über E-Mail Bilder von Walschlachtungen vor einer dänischen Insel und nehme Kontakt zu „meinem“ Delfin auf, einem Weibchen mit Jungen, mit dem ich schon seit mehreren Jahren in Kontakt stehe. Immer wenn ich Fragen habe oder Hilfe brauche, wende ich mich an dasselbe Muttertier oder an ihre Kinder.

Ich zeige ihr die Bilder in meinem Kopf. Darauf ist die Walschlachtung zu sehen und alles ist voller Blut.

T: Oh Gott, wie können Menschen nur so grausam sein? Warum tun sie das?

D: Sie tun es wegen des Geldes, aber sie verkaufen dabei ihre Seele. Ein Verbrechen an spirituell so hoch entwickelten Tieren geschieht nicht, ohne dass die Seelen der Täter dies nicht unbeachtet hinnehmen. Gott sieht alles und beobachtet alles.

Dann kommt der Appell von den Walen: „Rette uns!“

T: Warum ich? Ich bin doch gar kein aktiver Tierschützer. Das können die Leute von Greenpeace, wenn sie sich mit ihren Booten vor die Walfänger stellen. Die könnten euch helfen. Was soll ich da tun?

Ein weiterer Appell:

„Schreibe es in deinem Buch.
Dieses Wissen soll in die Welt!“

Es gibt so viel Grausamkeit auf der Welt! Es sind so viele Tiere auf der Erde in Gefahr, die gerettet werden sollten, da braucht es viele Retter auf den unterschiedlichsten Ebenen.

Martinsgans

Eines Nachts im November 2010 reißt mich der Hilferuf einer Gans aus dem Schlaf. Ich bin sofort hellwach. Wahrscheinlich meldet sie sich von einem kleinen Gänsehof ganz in unserer Nähe.

G: Weißt du, wie wir geschlachtet werden?

T: Oh Gott, ich glaube, sie hacken euch den Kopf ab. Warte mal, ich werde mich sofort erkundigen.

Nach kurzer Zeit:

T: Also, auf den kleinen Höfen ist es eher so, dass ihr vorher noch einen Schlag auf den Kopf bekommt. Erst dann hacken sie euch den Kopf ab. Wie es in den großen Betrieben abläuft, konnte ich nicht erfahren. Aber ich geh' mal davon aus, ähnlich wie bei den Hühnern.

G: Was denkt ihr Menschen eigentlich? Mit dem Schlag auf den Kopf legt ihr vielleicht kurzzeitig das Gehirn und damit das Nervensystem lahm. Aber erstens sitzt der Schlag nicht immer und zweitens fühlen wir es trotzdem. Sie töten unsere Seele nicht, die sieht alles. Und dann, klauen sie uns unsere Kleider vom Leib. Wer zieht denn Tote aus? Ihr zieht eure Toten doch noch schön an, nicht aus.

T: Oh, das stimmt! Sie machen aus euren schönen Federn Daunen für Betten und Jacken.

G: Überall dort schwingt der Tod mit.

T: Deshalb kann ich wohl ein dickes Daunenzudeckbett nicht ertragen. Ich dachte immer, es liegt am Gewicht, denn ich fühlte mich immer erdrückt.

G: In den Daunenfedern schwingt immer der Tod mit.

T: Das ist krass. Stimmt es, dass du mich deshalb geweckt hast? Denn wie das Schlachten abläuft, hast du schon zuvor gewusst.

G: Irgendwie musste ich doch mit dir in Kontakt treten. Ich weiß, wenn ich dir eine Frage stelle, versuchst du zu antworten.

T: Deshalb der Traum von der Gans gestern. Das war eine Vorbereitung.

Es ist schon verrückt. Für die einen bedeutet der 11.11. Geburt und Leben und für die anderen den Tod als Martinsgans.

„Reinemachen“ in der Ukraine

Im April 2012 habe ich ein Gespräch mit dem Hundekollektiv über die Lage in der Ukraine. Im Juni sollen dort Spiele zur Fußballeuropameisterschaft stattfinden und man erwartet viele Gäste aus ganz Europa.

Um sich als sauberes Land zu zeigen, reinigt man die Straßen und beginnt, die vielen herrenlosen Straßenhunde durch Vergiften zu beseitigen.

Ich nehme Kontakt auf zum Hundekollektiv und erhalte klare Worte.

Hundekollektiv (Zusammenfassung):

> „Ihr Menschen, was bildet ihr euch eigentlich ein? Meint ihr, ihr seid Herrscher über Leben und Tod?
>
> Nein, seid ihr nicht! Ihr seid nämlich eigentlich ganz arme Würstchen, die in Wirklichkeit nichts zu melden haben.
>
> Solche Grausamkeiten, wenn man diese den Menschen antun würde, wäre es Völkermord. Ihr seid einfach ratlos und denkt nur ans Geld. Doch Geld spendet keine Liebe und kein Leben. Geld lässt die Seele verhungern.
>
> Nur die Liebe rettet Leben.“

Tiefe, weise Worte.

Bulle Rudolf muss zur Schlachtbank

Eines Tages meldet sich bei mir ein Bauer, der sich Gedanken über das Schlachten seiner Tiere macht. Er ist auf der Suche nach einer Schlachtungsweise, die für die Tiere „in Ordnung“ ist.

Rudolf

Er bittet mich deshalb, seinen Bullen Rudolf auf seine Schlachtung vorzubereiten und ihn zu fragen, welche Schlachtungsmethode den Tieren denn am „sympathischsten“ wäre.

Ich nehme mit ihm Kontakt auf und erkläre ihm, dass mich sein Besitzer gebeten hat, mit ihm zu reden.

R: Was will der denn noch? Der hat uns doch sowieso schon abgeschrieben.

Der Bulle weiß also schon von seinem nahen Ende. Er hat eine tiefe Stimme und ich fühle ihn wiederkäuen. Ich spreche ihn darauf an, dass er morgen geschlachtet werden soll.

R: Wer will schon gern sterben? Sicher ist er netter, weil er uns darauf vorbereitet hat, aber wir wussten es schon vorher. So etwas fühlt man. Jedes Mal, wenn man inkarniert, hofft man, dass sich etwas verbessert hat, aber es ist noch nicht viel verändert worden.

T: Was soll sich deiner Meinung nach ändern?

R: Oh mein Gott, wie gerne würden wir wieder voll inkarnieren und mit den Menschen einfach nur glücklich sein.

T: Aber euer Bauer macht sich sehr viele Gedanken und überlegt, wie er eure Situation verbessern kann.

R: Gedanken genügen nicht! Es müssen Taten folgen! Aber sicher, er gibt sich Mühe. Das ist mehr, als die meisten tun.

T: Aber stellt ihr euch nicht auch zur Verfügung? So wird es uns oft erklärt.

R: Sicher, das war früher ab und zu so. Aber bei dem mangelnden Respekt, den der Mensch uns gegenüber hat, stellt sich kein Rind mehr gern zur Verfügung.

Das liegt nicht nur am Töten allein, es betrifft hier den respektlosen Umgang während der gesamten Lebenszeit.

T: Aber ihr hattet es doch – in Anführungszeichen – ganz gut.

R: Ich spreche nicht nur für mich alleine. Ich spreche für **alle** Rinder.

T: Ich weiß nicht, was ich sagen soll. Ist es gut, dass er euch gesagt hat, dass ihr geschlachtet werden sollt?

R: Das war sehr gut. Er ist für seine Tat bzw. Entscheidung eingestanden und hat sich nicht versteckt.

T: Sollte er es immer so machen?

R: Was soll ich dazu sagen? Es ist sicher besser, als nichts zu sagen, aber es Ist trotzdem keine göttliche Tat.

T: Und wie möchtet ihr gehalten und geschlachtet werden?

R: Warum können wir nicht einfach Freunde sein?

T: Aber ist das okay für dich morgen?

R: Was erwartest du? Ich gebe euch keinen Freibrief!

T: Soll ich deinem Bauern noch etwas sagen?

R: Er soll mich in Ruhe meinen Weg gehen lassen. Es gibt kein Zurück mehr. Nur geistige Vorbereitung!

T: Aber was habt ihr Bullen früher gemacht, als ihr nicht geschlachtet wurdet?

R: Wir haben geweidet und Gespanne gezogen. Wir haben den Menschen geholfen.

T: Lieber Rudolf, es wird morgen früh ein großer Lkw kommen, euch einladen und an einen anderen Ort fahren. Also nicht erschrecken vor der langen Autofahrt zum Schlachthof.

R: Das ist da, wo die Kadaver hängen?

T: Ja. Ach, Rudolf, ich weiß gar nicht, was ich sagen soll. Ich wünsche dir einen guten Nachhauseweg auf die andere Ebene.

In dieser Nacht kann ich gar nicht ruhig schlafen. Mich verfolgt die Frage, woher der Bulle das mit den Kadavern weiß.

Sofort erhalte ich Kontakt und bekomme folgende Informationen:

Wenn die Seele der Tiere den Körper verlässt, bleibt sie in der Nähe des Körpers. Daher beobachtet die Seele, was mit ihrem Körper geschieht.

Ich bekomme gleichzeitig einen Film vor meinem inneren Auge vorgeführt: Die Schlachttiere sehen, wie ihr Kopf abgetrennt und ihr Körper enthäutet wird.

Sie sehen auch, wie ihre Körper aufgeschnitten und zum besseren Ausbluten aufgehängt werden. Anschließend verfolgen sie das Zerstückeln und das Zerteilen „mit eigenen Augen".

Sie begleiten ihre Körper öfter noch einige Zeit und sind entsetzt darüber, wie lieblos und respektlos die Menschen mit den Tierkörpern umgehen.

Der Mensch denkt immer, er stünde über dem Tier und behandelt Tiere wie eine Sache. Spätestens nach dieser Information sollte jedem Menschen klar sein, dass es sich hier um eine Fehlinformation handelt. Die Tiere wissen und fühlen mehr, als wir uns gemeinhin vorstellen.

Kälbchen in Todesangst

Vom gleichen Bauern bekomme ich den Auftrag, mit einem Kalb Kontakt aufzunehmen und ihm mitzuteilen, dass ein paar junge Kühe an einen anderen Bauern zum „Mästen“ verkauft werden sollen. Die kleine Kuh heißt Anna. Ich nehme Kontakt auf.

T: Anna?

A: Ja?

T: Anna, willst du mit mir sprechen?

A: Du willst mit mir sprechen? Das tut doch sonst niemand auf diese Weise.

T: Ich bin eine Frau, die mit den Tieren spricht.

A: Du sprichst mit den Tieren? Und damit verdienst du dein Geld?

Ich fühle, wie sie sich umdreht und zu jemand anderem sagt: „Siehst du, damit kann man auch Geld verdienen.“ Jugendlicher Leichtsinn ist bei ihr spürbar. Sie hat Leichtigkeit, ist lustig und aufgeweckt!

T: Anna, es geht eben jeder Mensch einer anderen Arbeit nach. Willst du mit mir reden?

A: Natürlich, wann hat man denn schon die Möglichkeit für so etwas.

T: Euer Bauer hat mich gebeten, euch etwas vorzulesen bzw. euch etwas mitzuteilen und zu fragen. Ist das okay für dich?

A: Na, dann beginne!

Sie fühlt sich so unschuldig, verspielt und leicht an.

T: Ich soll euch mitteilen, dass morgen ein großer Laster kommt und euch woandershin bringt. Ihr müsst dann eine ganze Zeit lang stehen und werdet zu einem anderen Bauernhof gebracht.

A: Aber nicht zum Sterben! So etwas macht unser Bauer doch nicht: **Wir sind doch noch Kinder!**

T: Nein, nicht zum Sterben, ihr zieht einfach um. Ein anderer Stall, eine andere Weide.

Sie ist so unschuldig und klein, ahnungslos, naiv. Ein Kind eben.

T: Ich soll euch sagen, dass ihr ihm nicht egal seid, sondern dass er euch mag.

A: Ich weiß, dass er mich mag. Ich mag ihn doch auch.

Ich merke, sie hat überhaupt keine Vorstellung, wie ein Transport abläuft. Ich erkläre ihr, dass es so ist, wie wenn einige Kühe in eine große Blechkiste gehen und dann einige Zeit ganz eng stehen müssen.

Ich will ihr auf keinen Fall Angst machen. Aber ich weiß, dass die Kühe auf dem Weg in den Viehtransporter meistens durch Schläge angetrieben werden.

Sie ist so unschuldig.

Ich erkläre ihr, dass sie morgen einen Schritt macht, auf dem Weg eine erwachsene Kuh zu werden. Sie ziehe mit anderen jungen Kühen aus.

T: Soll euch euer Bauer nachfahren und euch besuchen?

A: Ich freue mich immer, wenn ich ihn sehe. Er bringt immer etwas zu essen.

T: Also liebe Anna, erzähle den anderen davon, dass ihr auf Reisen geht.

A: Ich erzähle den anderen die ganze Zeit schon, dass jemand mit mir spricht. Es ist spannend und aufregend.

Ich fühle auch, wie sie ständig ihren Kopf weg-dreht und plappert.

T: Also Anna, dann möchte ich mich jetzt von dir verabschieden. Eine gute Reise!

A: Oh, ist es schon vorbei? Es macht so Spaß, ich könnte ewig mit dir reden.

Ich merke, wie sie sich traurig abwendet.

T: Anna, vielleicht melde ich mich ja irgend-wann noch mal und schaue, wie es dir geht.

Sie hebt den Kopf.

A: Okay, dann warte ich eben.

Sie läuft leichtfüßig und Schwanz wedelnd davon.

So und jetzt erklären Sie mal einem Kind, dass es voraussichtlich nicht mehr lange leben wird, weil der Mensch es essen will!

Mir ist bewusst, dass bis zu einem weiteren Gespräch nicht viel Zeit verstreichen darf, also stelle ich alsbald den Kontakt zu Anna wieder her.

Traurig steht sie da und lässt den Kopf hängen.

T: Anna, was ist los?

Sie antwortet mir ganz traurig.

A: Stimmt's? Es ist nicht wahr, was die anderen sagen, denn du bist nett.

T: Warum, was sagen die anderen denn?

A: Dass wir alle sterben werden.

Die anderen hatten es ihr also schon gesagt. Ich nehme mir vor, sie jetzt nicht anzulügen. Aber die richtigen Worte dafür zu finden, ist ja eigentlich unmöglich.

T: Anna, es stimmt. Die Menschen denken immer noch, dass man Fleisch zum Leben braucht und sie meinen, dass Tiere nicht denken und fühlen können.

A: Warum?

T: Weil es ihnen so anerzogen wurde. Ich kann dir nur empfehlen, deine letzten Tage so bewusst wie möglich zu verbringen. Sprich in deinem Kopf vielleicht immer wieder positive Sätze, wie: Ich glaube und vertraue, es hilft die göttliche Kraft. Dann fällt dir sicher der Übergang leichter.

Anna, ich kann dir leider nichts anderes sagen, weil ich dich nicht anlügen möchte. Das heißt aber nicht, dass ich es gutheiße, was andere tun.

Sie ist sehr, sehr traurig und geht. Ich bin mir sicher, sie hat Tränen in den Augen; ich habe sie jedenfalls.

> T – ihr nachrufend: Anna, ich wünsche dir trotz allem einen guten Heimweg auf die andere Ebene.

Dies sind Gespräche, um die ich mich gerne drücken würde.

Aufruf der Wale

Ich frage mich immer wieder, was denn die Wale über ihre leider noch immer andauernde, regelmäßige Schlachtung zu sagen haben, und stelle einem Wal genau diese Frage.

Er sagt:

Die Menschen schrecken vor nichts zurück. Merkt ihr nicht, dass Geld eure Sinne krank macht? Es bringt euch Gott kein Stückchen näher. Nein, es verdirbt eure Gedanken. Sie sind dann nicht mehr rein und frei.

Ihr deckelt alles zu, dass ihr die Liebe nicht mehr spüren könnt. Dabei solltet ihr die Liebe hüten wie ein kleines Kind. Sie sollte nicht getreten und geschlagen werden. Denn die Liebe ist das stärkste Bindeglied zwischen Mensch, Tier, Pflanze und Natur. Warum tretet ihr sie nur? Die Liebe ist ein ehrenwertes Geschenk. Denn die Liebe wird von Gott gelenkt.

Hallo Nutztierhalter!

Ich erhalte die Anfrage eines Bauern – im Rahmen mehrerer Bauerntreffen über die Verbesserung der Nutztierhaltung – einen Vortrag über die Tierkommunikation zu halten. Ich sehe mich gezwungen, mir intensiv Gedanken über die Nutztierhaltung zu machen.

Was erzähle ich denen? Der Ausdruck „Nutztier", was sagt der uns eigentlich? Der Mensch hat einen Nutzen vom Tier, aber das Tier vom Menschen?

Futter, ja! Damit es möglichst schnell dick wird. Aber Liebe? Nein!

Natürlich gibt es da inzwischen auch ein paar anders denkende Bauern, die auch diesen Aspekt versuchen in ihre Tierhaltung mit einfließen zu lassen. Aber auch diese gehen nicht in den Stall und kraulen ihre Kuh. Dabei sehnen sich Kühe so nach Liebe.

Egal, ob Mensch oder Tier, jeder sehnt sich nach Liebe. Nach Liebe und Respekt. Denn wie wir wissen, steckt in jedem Lebewesen Gott.

Keiner würde Gott mit Füßen treten und das Gefühl aufkommen lassen, er sei besser und stünde höher als Gott. Niemand würde Gott schlagen oder ihn zur Schlachtbank führen.

Was tun die Menschen da eigentlich? Ist das fair? Woher nimmt der Mensch sich das Recht, Leben zu nehmen?

Heißt es nicht: „Was Gott gegeben hat, soll der Mensch nicht nehmen?"

Nutztier Masthähnchen

Um zu wissen, was die Hühner auf einer Hühnerfarm zu sagen haben, stelle ich dorthin einen Kontakt her. Es erwartet mich ein Durcheinander, ein Gegacker der lautesten Art.

Jedes ruft: „Ich will, ich, ich will."

Eines ruft: „Schau mich an! Sie haben mir den Schnabel genommen! Ich bin nur noch ein halbes Ei." Diesem Huhn wende ich mich zu.

T: Wie geht es dir? Musst du viele Eier legen?

H: Wir sind kein Eierbetrieb, wir sind ein Mastbetrieb. So viel Platz wie die Eierleger haben wir nicht.

Ich sehe ein ständiges Geschubse und Gedränge.

H: Denken die Menschen, wir wüssten nicht, was uns erwartet? Die Seelen der anderen kommen doch manchmal zu uns zurück, weil sie Angst haben und verunsichert sind. Sie sind entsetzt von den Maschinen und sagen: ‚Da ist keine Seele drin.'

Kannst du es mir erklären, was da genau passiert und warum der Mensch das tut?

T: Puh, das kann ich dir nicht genau erklären. Der Mensch tut es wegen des Geldes. Dafür ist er bereit, sein Herz zuzumachen und so manche Abscheulichkeit zu begehen.

H: Ist Geld essbar? Schmeckt es denn so gut?

T: Nein, auch wenn es für dich schwer vorstellbar ist, aber Geld kann man nicht essen. Sie benötigen es, um sich etwas zum Essen zu kaufen.

H: Das verstehe ich nicht. Braucht er so viel? (Weil es ja so viele Hühner sind, die getötet werden.)

T: Das glaube ich dir. Ich verstehe es doch selbst nicht, obwohl ich ein Mensch bin. Der Mensch hat einfach nie genug.

H: Aber ich wäre eigentlich ein schönes Huhn. Mich hat aber noch nie jemand gesehen. Mein Gefieder hat kahle Stellen und meine Flügel sind gestutzt.

Ich fühle, wie es ständig geschubst wird. Es dreht sich um und sagt: „Ruhe, ich rede gerade!“

T: Oh, ich bin davon überzeugt, dass du ein schönes Huhn bist. Ich bin sogar davon überzeugt, dass jedes von euch eigentlich eine Schönheit ist.

In diesem Moment ist alles still, denn alle haben aufgehört zu gackern.

Sag mal, wie wäre es denn, wenn ihr euch immer wieder Nettes sagt. Zum Beispiel: ‚Du schaust aber gut aus heute.' Oder: ‚Deine Federn sind heute aber schön.' Oder: ‚Schöne Frisur.' Ich weiß eigentlich nicht, was man als Huhn so sagt.

H: ‚Schöner Kamm', zum Beispiel.

T: Na ja, dann sag ‚schöner Kamm', wenn ihn viele von euch haben. Versucht, euch in euren restlichen Tagen gegenseitig zu stützen.

Und wenn der Tag gekommen ist, an dem du der Maschine begegnest: Schnell raus aus deinem Körper und hinein ins Licht.

Such' das Licht! Nicht zurück in den Stall.

Such' das Licht. Es ist bestimmt irgendwo.

Gehe ins Licht hinein.

Dann kannst du auch wieder glücklich sein. Unterstützt euch. Bildet z. B. eine Gemeinschaft wie „Die Lichtgänger" oder so. Und geht mit erhobenem Haupt der „seelenlosen Maschine" entgegen. Die können euch nicht wirklich etwas anhaben. Schnell raus aus dem Körper und ins Licht!

Ich merke, wie nachdenklich viele geworden sind. Vor allem „mein" Huhn wird ständig mit Fragen gelöchert.

Es sagt mir noch: „Danke für deine offenen, ehrlichen Worte."

Na, da ist jetzt was los im Hühnerstall! Ich bedanke mich auch und verneige mich, was sie erstaunt beobachten.

Anmerkung: Bei Interesse finden Sie weitere Informationen über die Hühnermast im Internet, z. B. zum Thema Bruderschreddern.

Böckchens Abschiedsgruß

Zum Zeitpunkt des Gesprächs befindet sich Böckchen, mein Ziegenbock, nicht mehr auf der Erde. Er hat nach dem harten Winter 2012 seinen Körper verlassen und sich auf den Heimweg seiner Seele begeben.

Ich kontaktiere ihn noch einmal, um mit ihm über das Buch zu reden, schließlich war er ja der Auslöser für meine interessante Erfahrungsreise.

> B: Tanja, ich bin so stolz auf dich. Du bist meiner Aufforderung gefolgt und hast den Auftrag deiner Seele angenommen.
>
> Mach dir keine Sorgen. Mir und meiner Schwester geht es gut. Du wusstest ja, dass sie noch da ist.
>
> Auch für meine „Kleine“ hast du einen guten Platz gefunden. Sie muss sich erst noch behaupten und ihren Platz finden.

Er meint meine zweite Ziege „Chamba“, eine Zwergziege. Sie nannte ihn immer nur Papa.

> B: Sei nicht traurig. Ich sehe, wie du weinst. Es ist mir eine Ehre, einen so großen Platz im Herzen eines Menschen gefunden zu haben. Grüße deine Kinder von mir, ich werde sie immer lieben. Auch ihren Vater.

Während dieses Gesprächs weine ich sehr. Wir sind immer zu unserem Böckchen gegangen und haben ihm unsere Probleme erzählt.

T: Böckchen, ich vermisse dich sehr.

B: Ich weiß, aber auch für dich beginnt eine neue Zeit. Ich liebe Euch!

Zitate

Der Film „Die Bucht“ hat die Delfinschlachtungen und vor allem die grausame Art der Tötung dieser Tiere an die Öffentlichkeit gebracht.

Auf den Internetseiten des Vegetarierbundes habe ich beachtenswerte Zitate zum Fleischkonsum gefunden und gebe sie hier weiter.

Bach, Dr. Edward (1886-1936), entwickelte die Bach-Blüten-Therapie:

„Die Menschheit steht schon tief in der Schuld des Tierreichs, dessen Angehörige sie gequält und vernichtet hat.“

Quelle: Edward Bach/Jens-Erik Petersen: „Heile dich selbst mit den Bachblüten“

Bibel-Zitate:

„Du sollst nicht töten.“

Quelle: 2. Mose 20:13, M. Luther Übersetzung (2. Mose = Exodus)

„Wolf und Lamm weiden zusammen, der Löwe frisst Stroh wie das Rind [...]. Man tut nichts Böses mehr und begeht kein Verbrechen auf meinem ganzen heiligen Berg, spricht der Herr."

Quelle: Jesaja 65, 25 (Das endzeitliche Heil)

„Dann wohnt der Wolf beim Lamm, der Panther liegt beim Böcklein. Kalb und Löwe weiden zusammen, ein kleiner Knabe kann sie hüten. Kuh und Bärin freunden sich an, ihre Jungen liegen beieinander. Der Löwe frisst Stroh wie das Rind. Der Säugling spielt vor dem Schlupfloch der Natter, das Kind streckt seine Hand in die Höhle der Schlange. Man tut nichts Böses mehr und begeht kein Verbrechen auf meinem ganzen heiligen Berg; denn das Land ist erfüllt von der Erkenntnis des Herrn, so wie das Meer mit Wasser gefüllt ist."

Quelle: Jesaja 11, 6-9 (Die Ankündigung des messianischen Reiches)

Brecht, Bertolt (1898-1956):

„Ich bestelle ein Steak und der Unmensch von Schlachter tötet ein Rind."

„Welche Krankheit könnte so gefährlich sein, wie es der Mensch ist?"

da Vinci, Leonardo (1452-1519), ital. Universalgenie:

„Ich habe schon in jüngsten Jahren dem Essen von Fleisch abgeschworen, und die Zeit wird kommen, da die Menschen wie ich die Tiermörder mit gleichen Augen betrachten werden wie jetzt die Menschenmörder.

Es wird ein Tag kommen, an dem die Menschen über die Tötung eines Tieres genauso urteilen werden, wie sie heute die eines Menschen beurteilen. Es wird die Zeit kommen, in welcher wir das Essen von Tieren ebenso verurteilen, wie wir heute das Essen von unseresgleichen, die Menschenfresserei, verurteilen."

Quelle: Skriver, C. A., Adam wer bist und was isst Du?, 1981, ISBN3-923504-05-5

Deschner, Karlheinz *1924, Schriftsteller, Philosoph, Dr. phil, Kirchenkritiker:

„Wer Tiere isst, steht unter dem Tier."

„Moralische Bedenken gegen Kalbsbraten? Von Seiten der Erzieher nicht. Von Seiten der Jurisprudenz nicht. Von Seiten der Moraltheologie nicht. Von tausend anderen moralischen Seiten nicht. Von der des Kalbes vielleicht?"

„Die Speisekarte – das blutigste Blatt, das wir schreiben."

„Fleisch macht das Essen nicht schlechter, aber den Esser."

„Eine Gesellschaft, die Schlachthäuser und Schlachtfelder verkraftet, ist selber schlachtreif."

„Gegenüber dem Tier ist der Mensch Gewohnheitsverbrecher."

„Tierfreunde: erst Lämmchen streicheln, dann Lammbraten; erst den Angler anpöbeln, dann Forelle blau. Jäger mögen sie nicht: – Wildbret!"

Quelle: H. Kaplan: Warum ich Vegetarier bin – Prominente erzählen, Rowohlt, 1995

Einstein, Albert (1879-1955), entwickelte die Relativitätstheorie. Physik-Nobelpreis 1921 (für die Erklärung des photoelektrischen Effekts, auf dem die heutigen Solarzellen beruhen.):

„Nichts wird die Chance auf ein Überleben auf der Erde so steigern wie der Schritt zur vegetarischen Ernährung."

„Ich habe die Tierleichen immer mit etwas schlechtem Gewissen gegessen."

Quelle: Brief an Max Kariel, 3.8.1953, Einstein-Archiv 60-058

Franziskus von Assisi (1182-1226), Heiliger, Gründer des Franziskaner Ordens:

„Gott wünscht, dass wir den Tieren beistehen, wenn sie der Hilfe bedürfen. Ein jedes Wesen in Bedrängnis hat gleiches Recht auf Schutz."

„Alle Geschöpfe der Erde fühlen wie wir, alle Geschöpfe streben nach Glück wie wir. Alle Geschöpfe der Erde lieben, leiden und sterben wie wir, also sind sie uns gleich gestellte Werke des allmächtigen Schöpfers – unsere Brüder."

Freud, Sigmund (1856-1939), Österreichischer Arzt und Psychologe:

„Ich ziehe die Gesellschaft der Tiere der menschlichen vor. Gewiss, ein wildes Tier ist grausam. Aber die Gemeinheit ist das Vorrecht des zivilisierten Menschen."

Quelle: Günther Schwab: Geliebtes Tier – Zitate über das Tier ..., W. Ennsthaler

Gandhi, Mahatma (1869-1948), Führer der ind. Selbstständigkeitsbewegung, Nobelpreis 1913:

„Die Größe und den moralischen Fortschritt einer Nation kann man daran messen, wie sie die Tiere behandelt."
„Für mich ist das Leben eines Lamms nicht weniger wertvoll als das Leben eines Menschen. Und ich würde niemals um des menschlichen Körpers Willen einem Lamm das Leben nehmen wollen. Je hilfloser ein Lebewesen ist, desto größer ist sein Anspruch auf menschlichen Schutz vor menschlicher Grausamkeit."

Quelle: Here's Harmlessness. An Anthology of Ahimsa. Malaga, N.J.: American Vegan Society, 5/1993, S. 19

Goethe, Johann Wolfgang von (1749-1832), deutscher Dichter:

„Die religiöse Ehrfurcht vor dem, was unter uns ist, umfasst natürlich auch die Tierwelt und legt den Menschen die Pflicht auf, die unter ihm entstehenden Geschöpfe zu ehren und zu schonen."

Heuss, Theodor (1884-1963), Deutscher Politiker:

„Je früher unsere Jugend von sich aus jede Rohheit gegen Tiere als verwerflich anzusehen lernt, je mehr sie darauf achtet, dass aus Spiel und Umgang mit Tieren nicht Quälerei wird, desto klarer wird auch später ihr Unterscheidungsvermögen werden, was in der Welt der Großen Recht und Unrecht ist."

Quelle: Günther Schwab: Geliebtes Tier – Zitate über das Tier ..., W. Ennsthaler

Jackson, Michael (1958-2009), Sänger:

„Ich besitze selbst viele Tiere und liebe sie über alles, wie kann ich dann ihr Fleisch essen? Seit ich 20 Jahre alt bin, habe ich keinen Bissen Fleisch mehr angerührt."

Quelle: Bravo (München), 23, 1993, Seite 25

Laotse, (ca. 3-4 Jh. v. Chr.), chin. Philosoph:

„Seid gut zu den Menschen, zu den Pflanzen und zu den Tieren! Hetzt weder Menschen noch Tiere, noch fügt ihnen Leid zu!"

Morgenstern, Christian (1871-1914), Dichter:

„Wenn der moderne Mensch die Tiere, deren er sich als Nahrung bedient, selbst töten müsste, würde die Anzahl der Pflanzenesser ins Ungemessene steigen."

Quelle: C. A. Skriver: Die Lebensweise Jesu und der ersten Christen, S. 137

„Ich war im Garten, wo sie all die Tiere gefangen halten; glücklich schienen viele, in heitern Zwingern treibend muntre Spiele. Doch andre hatten Augen, tote, stiere! Ein Silberfuchs, ein wunderzierlich Wesen, besah mich unentwegt mit stillen Blicken. Er schien so klug sich in sein Los zu schicken, doch konnte ich in seinem Innern lesen. Und andre sah ich mit verwandten Mienen, und andre rastlos hinter starren Gittern ... Von wunder Liebe fühlt' ich mich erzittern, und meine Seele wurde eins mit ihnen."

Quelle: Günther Schwab: Geliebtes Tier – Zitate über das Tier..., W. Ennsthaler

Pythagoras (-582- -496), griech. Philosoph und Mathematiker:

„Wer mit dem Messer die Kehle eines Rindes durchtrennt und beim Brüllen der Angst taub bleibt, wer kaltblütig das schreiende Böcklein abzuschlachten vermag und den Vogel verspeist, dem er selber das Futter gereicht hat – wie weit ist ein solcher noch vom Verbrechen entfernt?"

„Alles, was der Mensch den Tieren antut, kommt auf den Menschen wieder zurück."

Sai Baba, Sathya *1926, indischer Heiliger und Weltlehrer:

„Fleisch zu essen ist eine große Sünde: Erstens wird dafür ein hoch entwickeltes Tier getötet, was in hohem Maße gegen das Gesetz der Gewaltlosigkeit verstößt. Zweitens führt der Verzehr von Fleisch immer zu einem Ansteigen des aggressiven Potentials, das in jedem Menschen latent vorhanden ist. Dies führt, verbunden mit der entsprechend negativen Ideologie, zwangsläufig zu Konflikten."

„Christus aß kein Fleisch. Er war viel zu verbunden mit allen Lebewesen, als dass er es hätte tun können. Es widerspricht dazu völlig der Botschaft der Liebe, die er lehrte."

„Ostern zu feiern und Lamm zu essen ist so, als feierte die Feuerwehr ihr Bestehen damit, dass sie ein Haus abbrennt oder die Wasserwacht, indem sie ein Schiff versenkt. Löse deshalb die Vorstellung auf, Ostern mit dem Verzehr von Lamm oder anderem Fleisch zu feiern. Es wäre ein Stich in Christi Herz. Bemühe dich vielmehr, an diesem Festtag ihm nachzustreben, und entwickle Achtung und tiefe Liebe allen Geschöpfen gegenüber. Dann ist Ostern wirklich ein Festtag, den es zu feiern lohnt."

„Ein Volk, das eine vegetarische Küche als selbstverständlich betrachtet, halte ich für hoch entwickelt."

„Wer Fleisch isst, entwickelt tierische Eigenschaften und Leiden. Dazu kommt er bei seiner spirituellen Entwicklung über eine bestimmte Stufe nicht hinaus. Behauptet jemand etwas anderes, zeigt er damit nur, dass er die großen Zusammenhänge nicht kennt. Unter diesem Blickwinkel betrachtet, drückt sich die Kultur eines Volkes besonders in seiner Küche aus."

„Bedenke stets: Du wirst, was du isst. Über das Essen gelangen so viele Stoffe in deinen Körper, dass es mich wundert, dass sich unzählige Menschen derart wenig um das kümmern, was sie essen."

Quelle: „Sai Baba spricht zum Westen" von Stephan Stepski-Doliwa, siehe Internetseiten des Vegetarierbundes.

Steiner, Rudolf (1861-1925), Begründer der Anthroposophie:

R. Steiners Entgegnung auf die Frage, warum er kein Fleisch isst: „Essen Sie gerne Hunde- oder Katzenfleisch?" – „Ganz gewiss nicht." – „Sehen Sie und mich ekelt auch das Fleisch von anderen Tieren."

Quelle: Der Vegetarier, 5/1987

„Es gibt Tiere, die kein Fleisch fressen, z. B. unsere Kühe. Wenn wir das Experiment machen könnten, eine Ochsenherde mit Fleisch zu füttern, so würden die Ochsen verrückt."

Quelle: Vortrag vom 13.01.1923 am Goetheanum in Dornach

„Seiner Nahrung aus der Pflanzenwelt verdankt der Mensch, dass er hinaufblicken kann zu den großen Zusammenhängen der Dinge, die aus den engen Grenzen des persönlichen Seins entspringen ... Überall, wo der Mensch frei und unbekümmert aus den großen Gesichtspunkten heraus Leben und Denken regelt, da verdankt er diesen Überblick seiner Nahrungsbeziehung zur Pflanzenwelt ... Der Fortschritt wird darin bestehen, sich in der tierischen Nahrung zu beschränken auf dasjenige, was noch nicht von Leidenschaften durchglüht ist, wie Milch. Die Pflanzennahrung wird einen immer weiteren Raum einnehmen in der menschlichen Nahrung."

Quelle: Steiner, R., Naturgrundlagen der Ernährung, Stuttgart 1981, S. 78/77

Unbekannt/Anonym:

„Man sollte Tiere wie Rehe, Kamele, Esel, Affen, Mäuse, Schlangen, Vögel und Fliegen genauso behandeln wie den eigenen Sohn. Wie wenig Unterschied besteht doch im Grunde zwischen Kindern und diesen unschuldigen Tieren."

Quelle: Srimad-Bhagavatam, 7.14.9 (Teil der Vedischen Schriften)

„Die Würde des Menschen ist unantastbar, die Würde des Tieres ... unfassbar!!“

„Niemand begeht einen größeren Fehler als jemand, der nichts tut, nur weil er wenig tun könnte.“

Quelle: GEO, Nr. 3 März 1990, Seite 78, von Edmund Burke

Tiere bitten um mehr Tierkommunikation

Während einer Konferenz der Tiere fragte ich, was wir Menschen denn tun könnten, um die Tierkommunikation wieder stärker unter den Menschen zu verbreiten.

Sie teilten mir mit: Gebt den Kindern Bücher zum Lesen, in denen Kinder mit Tieren kommunizieren. Kindern, die mit dieser Information aufwachsen, fällt es später leichter, dies in ihrem Alltag mit einzusetzen.

Hier ein paar Vorschläge:

1. Liliane Susewind

    - Mit Elefanten spricht man nicht
    - Tiger küssen keine Löwen
    - Ein Panda ist kein Känguru
    - So springt man nicht mit Pferden um

2. Lionboy

    - Die Entführung
    - Die Jagd
    - Die Wahrheit

3. Sara und die Eule

4. Als die Tiere den Wald verließen

5. Tippi aus Afrika, das Mädchen, das mit den Tieren spricht

6. Eragon, Das Erbe der Macht

7. Tina hat die Kraft der Engel

8. Die Freundin aller Tiere – Julia

Dies sind nur einige Vorschläge.

Über die Autorin

Tanja Formanek ist ausgebildet in medialen Heilweisen, ist Tierkommunikatorin, Reiki-Meister und Reiki-Lehrerin.

Schon als Kind bekam sie Reitunterricht, verbrachte ihre Freizeit auf dem Ponyhof, wuchs quasi mit Pferden auf. Bei so engem Kontakt hatte sie Gelegenheit, die Charaktere der Pferde zu beobachten.

In der warmen Jahreszeit schlief sie nachts am liebsten auf dem überdachten Balkon, so naturnah wie möglich.

Die Ferienurlaube verbrachte sie öfter mit mehrwöchigen Reisen mit dem VW-Bus und ihrer Familie. Diese Naturnähe war ein unbewusstes Vorbereiten auf die Tierkommunikation.